中华复兴之光
千秋名胜古迹

先祖远古背影

李姗姗 主编

汕頭大學出版社

图书在版编目（CIP）数据

先祖远古背影 / 李姗姗主编. -- 汕头 ： 汕头大学
出版社，2017.1（2023.8重印）
（千秋名胜古迹）
ISBN 978-7-5658-2831-7

Ⅰ. ①先… Ⅱ. ①李… Ⅲ. ①远古文化－介绍－中国
Ⅳ. ①K210.3

中国版本图书馆CIP数据核字(2016)第293974号

先祖远古背影　　　　　　XIANZU YUANGU BEIYING

主　　编：李姗姗
责任编辑：宋倩倩
责任技编：黄东生
封面设计：大华文苑
出版发行：汕头大学出版社
　　　　　广东省汕头市大学路243号汕头大学校园内　邮政编码：515063
电　　话：0754-82904613
印　　刷：三河市嵩川印刷有限公司
开　　本：690mm×960mm 1/16
印　　张：8
字　　数：98千字
版　　次：2017年1月第1版
印　　次：2023年8月第4次印刷
定　　价：39.80元
ISBN 978-7-5658-2831-7

前言

党的十八大报告指出："把生态文明建设放在突出地位，融入经济建设、政治建设、文化建设、社会建设各方面和全过程，努力建设美丽中国，实现中华民族永续发展。"

可见，美丽中国，是环境之美、时代之美、生活之美、社会之美、百姓之美的总和。生态文明与美丽中国紧密相连，建设美丽中国，其核心就是要按照生态文明要求，通过生态、经济、政治、文化以及社会建设，实现生态良好、经济繁荣、政治和谐以及人民幸福。

悠久的中华文明历史，从来就蕴含着深刻的发展智慧，其中一个重要特征就是强调人与自然的和谐统一，就是把我们人类看作自然世界的和谐组成部分。在新的时期，我们提出尊重自然、顺应自然、保护自然，这是对中华文明的大力弘扬，我们要用勤劳智慧的双手建设美丽中国，实现我们民族永续发展的中国梦想。

因此，美丽中国不仅表现在江山如此多娇方面，更表现在丰富的大美文化内涵方面。中华大地孕育了中华文化，中华文化是中华大地之魂，二者完美地结合，铸就了真正的美丽中国。中华文化源远流长，滚滚黄河、滔滔长江，是最直接的源头。这两大文化浪涛经过千百年冲刷洗礼和不断交流、融合以及沉淀，最终形成了求同存异、兼收并蓄的最辉煌最灿烂的中华文明。

五千年来，薪火相传，一脉相承，伟大的中华文化是世界上唯一绵延不绝而从没中断的古老文化，并始终充满了生机与活力，其根本的原因在于具有强大的包容性和广博性，并充分展现了顽强的生命力和神奇的文化奇观。中华文化的力量，已经深深熔铸到我们的生命力、创造力和凝聚力中，是我们民族的基因。中华民族的精神，也已深深植根于绵延数千年的优秀文化传统之中，是我们的根和魂。

中国文化博大精深，是中华各族人民五千年来创造、传承下来的物质文明和精神文明的总和，其内容包罗万象，浩若星汉，具有很强文化纵深，蕴含丰富宝藏。传承和弘扬优秀民族文化传统，保护民族文化遗产，建设更加优秀的新的中华文化，这是建设美丽中国的根本。

总之，要建设美丽的中国，实现中华文化伟大复兴，首先要站在传统文化前沿，薪火相传，一脉相承，宏扬和发展五千年来优秀的、光明的、先进的、科学的、文明的和自豪的文化，融合古今中外一切文化精华，构建具有中国特色的现代民族文化，向世界和未来展示中华民族的文化力量、文化价值与文化风采，让美丽中国更加辉煌出彩。

为此，在有关部门和专家指导下，我们收集整理了大量古今资料和最新研究成果，特别编撰了本套大型丛书。主要包括万里锦绣河山、悠久文明历史、独特地域风采、深厚建筑古蕴、名胜古迹奇观、珍贵物宝天华、博大精深汉语、千秋辉煌美术、绝美歌舞戏剧、淳朴民风习俗等，充分显示了美丽中国的中华民族厚重文化底蕴和强大民族凝聚力，具有极强系统性、广博性和规模性。

本套丛书唯美展现，美不胜收，语言通俗，图文并茂，形象直观，古风古雅，具有很强可读性、欣赏性和知识性，能够让广大读者全面感受到美丽中国丰富内涵的方方面面，能够增强民族自尊心和文化自豪感，并能很好继承和弘扬中华文化，创造未来中国特色的先进民族文化，引领中华民族走向伟大复兴，实现建设美丽中国的伟大梦想。

目 录

南部猿人

　　在我国南部，有着广阔的地域，这里有地势最低的平原，河汉纵横交错，湖泊星罗棋布，属于湿润的亚热带和热带地区。特殊的地理气候造就了适宜人类生存的环境，因此这里产生了我国最早的远古人类。

　　南部古代猿人主要有重庆巫山猿人、云南元谋人、四川资阳人、贵州穿洞人、湖北郧县人、湖北长阳人、湖南石门人等。随着这些远古猿人的演化，慢慢地成为我们中华民族的始祖，逐渐开启了中华文明。

我国最早人类的巫山人

　　巫山猿人遗址位于我国三峡腹地的重庆巫山县龙坪村龙洞堡西坡龙骨坡，这里除了发现的两件古人类化石外，还发现了一批石制品和120种古脊椎动物，其中哺乳动物化石116种。

后经考证，这两件人类化石是生活在201万年至204万年前的巫山人。巫山猿人遗址被誉为"中国人类历史最早的摇篮"。

巫山县庙宇镇龙坪村，坐落在长江巫峡南岸，是一个恰好位于北纬30度上的小山村，它距离长江边50千米，海拔在800米左右。

龙骨坡是由石灰岩构成的山体，南坡有一巨大裂隙，称为"龙洞"。北侧与洞外沟谷相通，南侧伸向石灰岩内部，其中堆积大量的角砾、砾石、砂质黏土和黏土，堆积物由钙质胶结。

关于龙洞的来历，当地有这样的传说。说是有一个傍晚，在龙坪村的上空忽然升起了一团火球，随着一声巨响，龙坪西侧的石壁就四分五裂了，一条蛟龙钻出巨洞，变成白发老人，并顺着放牛娃手中的镰刀腾空而去。

重庆龙坪巫山人遗址从外形看，酷似一个猿人的头像，遗址的堆积物中有剑齿虎、桑氏鬣狗、大灵猫、乳齿象、爪蹄兽、巨羊和大熊猫小种等已绝灭的古动物化石。据初步推测，这些古老的动物种群至

少超过100万年。

在这个山崖下，发现了带有两颗牙齿的一段人属下颌骨，从牙齿和牙床的形态特征看，它与北京周口店的女性猿人非常相近，它的主人应该是人类。而从牙面的磨蚀程度看，这是一个老年女性的牙齿。"巫山能人"从此问世，她后来被命名为"巫山老母"。

在巫山含人属化石的黏土层中，还有一颗猿人牙齿，初步确定为人类上内侧门齿。根据磨蚀程度和形态特征，判定这是一颗少女牙齿，于是便命名为"巫山少女"。

在当地广泛流传着一个美丽的巫山神女的故事，她是不是就是"巫山少女"的原型呢？传说巫山神女为天帝之女，也有说为华夏始祖炎帝之女，本名瑶姬，未嫁而死，葬于巫山之阳，因而为神。

炎帝的三女儿瑶姬是姐妹中最美丽、最聪慧、最多情的，她曾经多次梦见，有个英俊的王子骑着白马把她接走了，但是她总被灵鹊儿惊醒，打搅了她的美梦。瑶姬为情所困，慢慢地病倒了。花园里，小河边，再也听不到她那银铃般的笑声了。

炎帝虽是药神，但也无能为力，瑶姬去世了。她的尸身葬在花团锦簇的姑瑶山上，香魂逐渐化作了芬芳的瑶草。瑶草花色嫩黄，叶子双生，结的果实好似菟丝。传说女子若服食了瑶草果，便会变得非常漂亮，并十分惹人喜欢。

据传说，瑶草在姑瑶山上，吸取了日月精华，若干年后，便修炼成了巫山神女，仍被人们称为瑶姬。

后来大禹治水，一路凿山挖河，他来到巫山脚下，准备修渠泄洪。突然间，狂风大作，直刮得地动山摇，飞沙走石，简直是暗无天日。巨浪滔天的洪峰，像连绵的山峦扑面而来。大禹措手不及，只好撤离江岸，去向巫山神女瑶姬求助。

瑶姬十分敬佩大禹治水的精神，也可怜那些背井离乡、倾家荡产的灾民，她于是传授给大禹差神役鬼的法术和防风治水的天书，帮助大禹止住了狂风。

瑶姬又派遣狂章、虞余、黄魔、大翳、庚辰、童律、鸟木田等神，用法宝雷火珠、电蛇鞭，将巫山炸开了一条峡道，让洪水经过巫峡从巴蜀境内流出，涌入了大江。

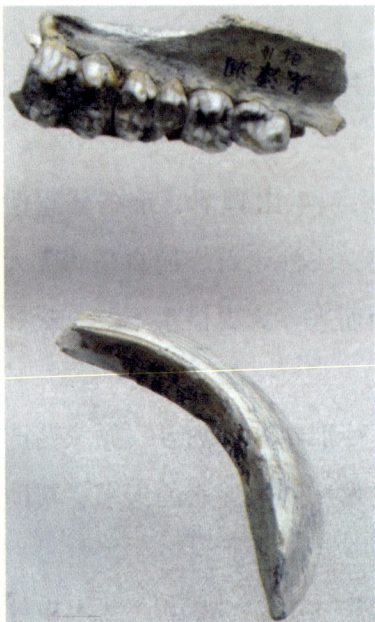

从此，饱受洪灾之苦的巴蜀人得到了拯救。又过了几千年，到了战国时期，楚怀王到云梦泽打猎，在高唐馆休息。在朦胧之中，他看见一个十分美丽的女子款款向他走来，这女子说："我是炎帝的三女儿，名字叫瑶姬，我没有出嫁就去世了，在巫山成神了，我的精魂化为了仙草，成了灵芝。"

楚怀王见这女子是天地阴阳的绝妙造化，蕴含有天地间的一切之美。她美丽的外表简直绝世无双，楚怀王于是顿生爱慕之心，便留下了一段美好佳话。

楚怀王梦醒后，却发现梦中美丽的女子已无影无踪了。他不能忘情于瑶姬，便到巫山上去寻找，只见峰峦秀丽，云蒸霞蔚，当地传说这云就是神女变的。楚怀王于是下令，在巫山临江一边修筑楼阁，称为"朝云"，以表示他对梦中女子的怀念。

瑶姬到底去哪儿了呢？其实她变为了神女峰，站在高高的山崖上，举目眺望，凝视着七百里的三峡，凝望着滔滔不绝的江水，凝视着江上的鸟，江畔的花，江心的帆。陪伴瑶姬的侍女们，也随瑶姬化作了巫山十二峰。

巫山神女峰的传说最早见于我国古代神话集《山海经》，在著名辞赋家屈原的《九歌·山鬼》和宋玉的《高唐赋》以及《神女赋》中都有描述。

在当地传说中，也有说巫山神女瑶姬是王母娘娘的女儿，是一个帮助大禹治水、造福生灵的女神。她帮助大禹治水成功后，就定居在了巫山，后来变成了著名的巫山十二峰之一的神女峰。

从唐代开始，巫山就有了神女庙，而且历史上曾经多次重建，其遗址后来都还存在。据《巫山县志》记载，当地农历七月初七为神女节。在过节这天，远近妇女都到神女庙来祭祀。

巫山女神也许就是巫山人原型。在龙骨坡化石点出土的"巫山老母"和"巫山少女"两件人类化石，其绝对年代，经古地磁、ESR和氨基酸等三种方法测定，距今有180万年至240万年了。它们代表了中华大地迄今最早的人类活动遗址和最原始的文化，那就是龙骨坡史前文化。

"巫山猿人"是已经发现的我国乃至东亚最早的古人类，其化石揭示了人类发展的进程，填补了我国早期人类化石的空白，对于研究人类的起源和三峡河谷的发育史，具有极为重要的价值。

1984年，考古队对万县盐井沟及其他化石点进行实地考察。一位乡村医生为他们提供了线索。他说，20世纪60年代末的一天，他正在龙坪山坡采药，在一丛何首乌的旁边偶然捡到一根骨头，他认出这正是药铺里的"龙骨"。

1985年，考古工作者在重庆巫山县庙宇镇龙坪村龙骨坡，发掘出一段带有两颗白齿的残破直立人左侧下颌骨化石以及一些有人工加工痕迹的骨片。次年又发掘出3枚门齿和一段带有两个牙齿的下牙床化石。此外，遗址中还出土了116种早更新世初期的哺乳动物化石。

经学者研究，龙骨坡遗址出土的遗物代表了一种直立人的新亚种，后被定名为"直立人巫山亚种"，一般称之为"巫山人"，距今201万年至204万年。

知识点滴

云贵高原人类始祖的元谋人

在我国云南省元谋县大那乌村北的山麓，发现了我国最早的人类化石之一，就是"直立人元谋新亚种"，简称"元谋人"。

"元谋人"的发现，将我国人类历史向前推进了100多万年，表明云南是人类起源与发展的关键地区和核心地区，为人类起源与发展多元中心论提供了强有力的科学支持，"元谋人"作为我国人类历史的开篇，自此被载入史册。

"元谋"是傣语。"元"

意为"飞跃"和"交配"，"谋"意为马，即骏马的意思。汉朝时，这里的居民把家马放牧于山下，而元马之神自河中跃出与之交配产下骏驹，居民把它看作神。于是为它立祠。此地"灵泽所钟，常产好马，故命地为马"。县城北有元马河，元谋与元马意思一样。元朝在1279年设置元谋县。

我国云南省境内约有百分之六的地区为山间盆地，在这些盆地的地层中保存了气候环境变迁的信息，更蕴藏有宝贵的动植物化石。

云南元谋盆地属于南亚热带气候燥热的河谷区，平时气候干燥炎热，光热资源充足，是种植亚热带作物的好地方，非常适宜古人类生存。

元谋盆地雨季受印度洋西南季风影响，雨量充沛。从距今100万年至500万年的气候变迁与东非大裂谷相似，两地虽然相距遥远，但却具有相似的地质与环境变迁背景，同样适合于早期人类进化。

在元谋人的遗址中，出土了云南马、剑齿虎、剑齿象等早更新世动物化石，打制石器及炭屑等。元谋人距今为170万年，属于旧石器时代早期的古人类。

元谋古猿化石的发现，填补了我国上新世该类型古猿化石材料的空白。同时，对研究我国人类起源、演化与地理分布，提供了珍贵的实物资料。

在云南元谋人遗址中，元谋人的化石包括两枚上内侧门齿，一左一右，属同一成年人个体。其石化程度深，颜色灰白，有裂纹几处。经过对元谋人牙齿化石的研究发现，其齿冠保存完整，齿根末梢残缺，表面有碎小裂纹，裂纹中填有褐色黏土。这两枚牙齿很粗壮，呈铲形，切缘部分较为扩张，唇面比较平坦，舌面的模式非常复杂，具有明显的原始性质。

元谋人门齿的特点是，齿冠基部肿厚，末端扩展，略呈三角形。舌面底结节凸起，有发达的铲形齿窝。齿冠舌面中部的凹面粗糙，中央的指状突很长，指状突集中排列在靠近外侧的半面。

在元谋人遗址中，还发现元谋人化石的地层中出土石器3件。另外，在同一地点采集到石器3件，推测是被雨水冲刷出地表，也被视为元谋人的石器。

元谋人化石存在地层中发现的3件石器均为石英岩制造的刮削器。一件是两刃刮削器，由石片制成，从石器上的人工加工痕迹来看，可能是砸击修理的；另一件为复刃刮削器，由小石块制成，三边有加工痕迹，略呈长方形，应是复向加工而成；还有一件是端刃刮削器，也由小石块制成，也为复向加工而成。

3件采集到的石器中：其一为石核，呈梭形，单台面；其二为石片，其原料为红色砂岩，长略小于宽，打击点散漫；其三为尖状器，由石英岩石片制成，左侧单面加工，右侧两面加工，在中轴相交，属正尖尖状器。

通过这些石器可以得知，元谋人会用捶击法制造以及修理石器，会制造刮削器和尖状器，且工具尺寸不大。在发现元谋人化石的地层中还发现有许多炭屑，常与哺乳动物化石伴生。

在元谋人遗址中，还发现了两块黑色骨头，经鉴定可能是被烧过的。另外还发现有大量炭屑。有研究者认为，这些是当时人类用火的痕迹。

在元谋人遗址中，总共出土石器17件，其中地层出土7件，地表采集到10件。通过共存的动植物化石来推测，将元谋人地层第三、第四段的动物化石称为元谋动物群，认为是与元谋人共生的动物。

与元谋人共生的哺乳动物化石，有泥河湾剑齿虎、桑氏缟鬣狗、云南马、爪蹄兽、中

国犀、山西轴鹿等29种。全部都为绝灭种，部分属于上新世和早更新世的残余物种，大多数为早更新世当地常见物种。

如果按照生活环境来考察，云南马等生活在草原上，细麂、湖麂等生活在热带雨林中，竹鼠、复齿鼠兔等动物生活于灌木丛之中，泥河湾剑齿虎等生活于森林之中。

根据植物孢子的分析，元谋人时期的树木主要以松属植物为多，还有榆树等。草本植物则更多。有人根据动物化石及植物孢粉分析，认为当时的自然环境为森林草原景观，气候比较凉爽。

关于元谋人化石的地质时代和绝对年代，一种观点认为属早更新世晚期，在距今170万年左右。根据与元谋人伴生的哺乳动物的研究和与北京人牙齿的比较，似乎更为原始。另一种观点认为，在中更新世，根据元谋人的化石层，可能距今60万至50万年或更晚。

传说，元谋人后来北上，他们越过金沙江，到达甘肃、青海后成为古羌戎人，还有的元谋人继续往东北，越过白令海峡进入美洲，就成了印第安人的祖先。

经过对元谋人所发现石器的研究，表明元谋人所处时期为旧石器时代早期。如果将元谋人的年代定位为170万年前，那么元谋人就是我国境内最早的古人类之一。

元谋人的发现，是继我国北方发现的北京猿人和蓝田猿人之后的又一重要发现，对进一步研究我国古人类和西南地区第四纪地质，具有重要的科学价值。

1937年春天，中国地质调查所派人去云南开展调查。在昆明附近山洞里发现了一些动物化石和旧石器时，他们就感觉到了远古人类的气息。

1965年初，为配合四川攀枝花地区的建设和成昆铁路的勘察设计，中国地质科学院组成一个西南地区的新构造研究组。研究组在云南省楚雄彝族自治州元谋县一个叫"十龙口"的地方发现了几颗半露出地面的云南马化石，在这几颗化石旁边还有一些类似牙齿的化石。

经过比较，这两颗牙齿似乎是两枚上内侧门齿，一左一右，经过研究鉴定，认为这两枚牙齿化石基本形态可以与周口店北京人同类牙齿相比较，因此被定为直立人种中的一个亚种，并以发现这一化石产地的元谋县城命名，定为"直立人元谋新亚种"，简称为"元谋人"。

难断年代的人类祖先资阳人

　　"资阳人"是在我国四川省资阳县城西黄鳝溪发现的西南地区旧石器时代的晚期人类化石，属晚期智人。化石为3.5万多年前的女性头骨化石，是已知的四川人最早的祖先，年龄在50岁左右。

　　资阳市地处四川盆地中部，北靠成都、德阳，南连内江，东接重庆、遂宁，西邻眉山。公元前135年的西汉时期设置县，后设置州、郡，因位于资水之北而得名资阳。

　　"资阳人"化石为一个较完整的头骨。面

骨保存有上颌骨的一部分，颅底大部缺失，另外还有硬腭一块。头骨较小，表面平滑圆润，额结节和顶结节都明显突起，额部较丰满。

头骨的内面骨缝几乎全部愈合，这说明是一位50岁以上的老年妇女的头骨化石。资阳人头骨的形态特征与现代人基本相似，头骨高大，最宽处在头两侧的上方。

但另一方面资阳人又具有某些原始性质，如眉弓很显著，额骨和顶骨较现代人较扁，从而表明其脑量不大。头骨正中有稍突起的脊。

资阳人头骨一方面与山顶洞人有某些相似性质，如具有明显的鼻前窝，头正中有类似的矢状脊，顶骨在正中线两侧的部分比较扁平，鼻较高而窄等。

资阳人的遗址中还有一件骨锥，地质时代为晚更新世。骨锥底部缺失，残长10多厘米，锥尖钝而光滑，呈深褐色。锥身有刮削加工的条痕。

与资阳人化石伴生的哺乳动物化石主要有鬣狗、虎、马、中国犀、猎、麂、水鹿、大额牛和东方剑齿象等。经研究认为，这些动物化石分属中更新世和晚更新世两个时代，人类化石与后者同时。从这些性质的一致来看，似乎"资阳人"与山顶洞人是有一定关系的。

资阳人遗址中的一件树木化石的放射性碳素断代年代数据，为距今7500年，有人据此认为资阳人属于新石器时代。

由此可见，"资阳人"是旧石器晚期的早期新人类型，远比"北京人"进步，但比"山顶洞人"原始，其生活年代距今大约在数万年至10余万年之间。

"资阳人"出土地点附近发现了打制石器，仅在蒙溪河支流鲤鱼桥河口东岸就有20件，都属于旧石器晚期。大约在2.5万年前，资阳人用天然石块略加打制，作为他们的生产工具，用以狩猎和采集活动。

"资阳人"遗址附近地层堆积比较复杂，从顶部的距今2170年到底部的3.93万年，早晚都有。尽管资阳人化石出土层位不十分确切，但根据头骨形态及测量数据所表现出的若干原始性质，仍可肯定它是旧石器时代晚期的人类。

"资阳人"这位50岁左右的女性，以她仅存下的一颗牙判断，这位人类的老祖母犯有严重牙病。不过"资阳人"头骨化石上部只有眉骨以上的上脑部分。

关于资阳人时代，陆续有一些新资料和看法，但仍难以肯定。曾经作过多次碳测定，但所测标本是植物化石，是否与资阳人骨化石同一时代，也难以肯定。从"资阳人"复原像可以看出具有如此特征：

一是男性化特征。在当时生存环境极为恶劣的情况下，男女体型特征的差别应当是很小的。

二是刚毅的特征。要同猛兽和大自然作斗争，没有刚毅的性格，仅存纤柔之躯是绝不行的。

三是王者风范。可以设想，50岁的她应该是一位德高望重的部落首领，面对猛兽或异族的侵袭，她显得胸有成竹，指挥若定。

四是年富力强。哪怕她就是病死的、饿死的、老死的，仍然能够展示出旺盛的生命力和年富力强的"资阳人"形象。

五是母亲形象。50岁的远古女性，应是南方人类的母亲。

六是美感特征。刚毅、王者风范、年富力强且饱经沧桑，和她在古人类史上仅有的女性特征，最终体现在一个"美"字上，美是沟通世界的桥梁。

"资阳人"的发现，虽然只是一具头骨，而她在我国乃至世界的考古界、人类史学界都是十分重要的。随着时代的进步和社会的发展，人类的寻根意识、研究意识不断增强，它已经成为我国民族历史、民族精神的一面鲜艳旗帜，是珍贵的文化宝藏。

知识点滴

1951年，在四川省资阳县城西黄鳝溪修建铁路桥时，发现了远古人类头骨化石，由世界级专家、古脊椎动物研究所经过长达6年的研究，认定化石为3.5万多年前的女性头骨化石，是当时已知的四川人最早的祖先，年龄在50岁左右，并命名为"资阳人"。

后来，资阳市雁江区委宣传部和民间泥塑师决定要为蜀人祖先造像，他们一边搜集资料，一边准备塑材。资阳市雁江区文化局和区文管所又拿出馆藏文物"资阳人"头骨化石复制件，让他们参考。经过图文资料研究分析和画草图，通过数十次修改，他们终于完成了"资阳人"复原的半身像。

西南晚期智人代表穿洞人

穿洞人属于我国晚期智人，其化石被发现于我国贵州省普定县城西南新寨村的一座孤山上，洞穴因南北对穿而得名"穿洞"。

普定穿洞遗址为我国西南地区旧石器时代晚期和稍晚的史前期遗址，出土石器、骨器、动物化石和人类化石2000多件。此外，还发现多处用火遗迹。

穿洞人遗址骨器之精，均为世界所罕见，被誉为"亚洲文明之灯"。具有重要的研究价值和极高的学术地位，为研究我国西南原始人类提供了丰富的实物资料。

普定县位于贵州省西部，

素有"黔之腹，滇之喉"之称的黔中腹地。这里属于亚热带季风湿润气候，季风交替明显，全年气候温和，冬无严寒，夏无酷暑，春干秋凉，无霜期长，雨量充沛，日照少，辐射能量低非常适合人类生存。

普定县有一个充满了神话色彩的古水塘，名叫阿宝塘。这为穿洞人的起源找到了根据。

传说很早以前，附近只居住着10多户人家，人们过着男耕女织的田园生活，大家和睦相处。

俗话说：天有不测风云，人有旦夕祸福。有一天，东海龙宫的龙卒在一边睡着了，白龙马去地里吃庄稼。寨中的人发现后，立即追赶这匹马，边追边骂。可是，追到一个关口上，就无影无踪了。

马到哪里去了呢？村民们只得回来，一会儿后，白龙马又回到地里吃庄稼了，有人就大喊："马在这里，快来人啊！"大家闻声赶到现场，终于追到了马，一壮汉用箭射瞎了马眼，一刀劈去，正好砍到马嘴上，又一刀砍在马腿上，白龙马变成了一块岩石，人们称之为白马石，那个关卡叫龙马关。

追赶的人群无奈地返回了家中。而白马石长期昂着头，流着辛酸的泪向人们诉说当时山民的野蛮行径，白龙马的魂带伤回到龙宫，龙卒睡醒后找不到白龙马，只见到带伤的石马，就回去向龙王禀报这里的人们不良的行为。

龙王大怒，他立刻派龙王三小姐到寨内进行调查。龙王三小姐来到该寨水井边梳妆，把一把金梳子放在了井边，被一村民看见后捡走，龙王三小姐在寨内高声喊道："请还我的梳子。"这样喊了几天后，无一人应答，嗓子也喊哑了。

这时村里有个名叫阿宝的年轻人，出来帮三小姐逐户询查却毫无结果，他的真诚感动了三小姐。龙婆得知后，决定惩罚这个让她生气的村庄，但同时要保住阿宝。于是，一天中午，趁阿宝正在吃饭时，龙婆派一只天狗跑进阿宝家，把阿宝的饭瓢叼着往寨外的山头奔去。

阿宝一看着急了，他跟在天狗身后追赶，在半山处拾到了自己的饭瓢，狗却不见了。

他回头一看，整个寨子顷刻间全被洪水淹没，便形成了阿宝塘。

阿宝坐在山上遥望家乡，家已经不在了，变成了一片溪水。他心里正发愁，一阵凉风吹过，迷糊间进入了梦乡，感觉浑身飘飘忽忽的。等他醒来时，发现自己已经和龙王三小姐在南天门外了。

此时，阿宝心里更加着急了，他不小心将门边一个花盆碰落下去，在水潭旁边深深印下一块宽几十米深的凹地，称为"星宿坑"。

玉帝觉得，这件事对人间的处罚过重了，他便将阿宝和三小姐送回人间。阿宝和三小姐互生爱意，于是他们就结为了夫妻。他们在塘边的一个洞中居住，过着男耕女织、日出而作、日落而息的平凡生活，传下后人。

这样说来，阿宝和龙王三小姐的后人，可能来到穿洞居住，留下了普定穿洞古文化遗址。

该遗址先后共发现各类旧石器2万余件，骨器千件，20余种哺乳动物化石200余件，古人类头盖骨化石2个，还有人类上下颌残片及零星几枚牙齿。

同时出土的伴生动物有猕猴、黑鼠、箭猪、鼬、熊、赤鹿、猪獾及犀牛等12个属或种。除犀牛外，其余都是现生种属。

在遗址中发现有人工痕迹清楚的石制品3000余件，其中包括石核、石砧、石锤、刮削器、尖刃器及砍砸器等。

另外还发现有大量骨器和骨角制品500余件，其中包括磨制骨器如骨铲、骨锥、骨针、带叉的扁骨器及无刃骨棒等和打击骨制品及有加工痕迹的鹿角，还有大量灰烬、几个火堆余烬和7000多件烧骨残片。

穿洞人头骨呈卵圆形、鼻梁不高、颧骨凸出，鼻额缝近水平走向，犬齿窝比较浅，上门齿呈铲形，属典型蒙古人种。

穿洞人颅骨的尺寸显得较为纤弱，头骨的前额也比较窄，与资阳人和丽江人相似。这可能意味着穿洞人、丽江人和资阳人一起代表了我国晚期智人的西南模式。

穿洞人遗址堆积物厚达3米以上，从文化遗物看，上下两部遗物有明显不同。穿洞人晚期文化与邻近的白岩脚洞和兴义的猫猫洞文化应属于同一文化。

穿洞史前遗址年代，其下部仅有一个碳14年代数据，为距今1.6万年左右，为第八至十层。中部为距今约9610年，为第六至七层，发现遗物极少；上部为第二至五层，第三层为距今约8080年，第五层为距今约8540年，人类化石大部采自5层以上。

下部遗物被称为穿洞早期文化，上部为晚期文化。穿洞的早期文化比较接近四川汉源的富林文化和桐梓马鞍山遗址上部的文化遗物，与攀枝花市龙湾洞的下层器物组和汉源狮子山的石制品大同小异。

上部地层的人类化石包括完整的头骨一具以及上、下颌骨、单个牙齿和部分体骨，至少分属于老年、中年、青年和儿童5个个体。

位于第四层的头骨保存较完好，是一个女性青年的。穿洞遗址出土的人类化石的形态特征多数具有现代人形态特征，与资阳人同属晚期智人亚种。

1万余件石制品绝大多数也来自上部地层，除石片和石核外，石器类型有砍砸器、尖状器和刮削器。

骨角器也主要出自上部地层。骨器以骨锥为主，还有骨铲和骨棒等以及少数刮制的鹿角铲。骨、角器总数近千件，骨器类型多，器形周整，磨制精工，为国内少见。

穿洞人的用火遗迹包括上、下部的几个灰烬层、火堆遗迹以及数以万计的烧骨和少量的烧土块、炭屑和烧石。共生的哺乳动物化石有熊、虎、犀牛、鹿和麂等10多种，基本上都是现生种。

下部石制品细小，石器多向背面加工，与北方小石器文化传统有关系；上部石制品相对粗大，打片多用锐棱砸击法，石器加工精细，多向破裂面加工，具有猫猫洞文化的特点。

穿洞遗址对研究同时代不同文化关系，以及旧石器时代后期和新石器时代文化的衔接具有重要意义；同时大量磨制和刮磨制骨器的发现，也改变了我国南方骨器贫乏的状况，对我国境内早期人类制造骨器技术增加了较多的新知。

1979年，考古人员在我国贵州普定县城西南的新寨村一孤山上试掘普定穿洞获得大量石器、骨器。1981年中国科学院和省博物馆联合发掘，出土石器、骨器、动物化石和人类化石2000多件。出土文物之多，全国之冠，震惊考古学界。

我国著名考古学家、北京猿人头盖骨的发现者裴文中教授生前实地考察了穿洞遗址，肯定了"穿洞文化"在我国考古学上的价值和地位，亲笔题写了"普定穿洞旧石器文化遗址"。

1988年，国务院公布贵州省普定穿洞遗址为全国重点文物保护单位。

知识点滴

汉江流域的人类祖先郧县人

　　"郧县人"即湖北省郧县发现的两具头骨化石，是我国的直立人化石。两具头骨化石都保存了完整的脑颅和基本完整的面颅，其中2号头骨是我国唯一一块人类祖先"直立人"阶段保存最为完好的整块头骨化石。郧县位于我国湖北省西北部，汉江上游，秦岭巴山东延余脉褶皱缓坡地带，史称：

五丁於蜀道，

武陵之桃源。

　　"郧"本是乡的名称，置关于乡，称为"郧关"。郧县于是因为"郧关"而得名。关于郧县的来历，在民间流传着一个动人的神话故事。

　　很久以前，郧县这地方还叫不出什么地名，生活在这里的百姓日出而作，日落而息，人间清平，日月安宁。

　　谁知好景不长，有一天玉皇大帝不知为什么大发雷霆，刹那间天空雷电交加，狂风骤起，山摇地动，整个宇宙天昏地暗，似乎世界的末日到来了。

　　狂风过后，一块巨大的陨石从天而落，刚好落在郧县和郧西的交界处。落地后的陨石分阴阳两面，阳面就称为"陨阳"，后来就成了郧县；而陨石阴面所指又恰是"陨阳"之西，所以称为"陨西"，也就是后来的郧西了。

　　伴随陨石落下的陨石雨，土壤都被烧成红色，在郧西县城东临的山冈上，是一片黑红色土岗，据说就是因为陨石雨所造成的。

当陨石从天空坠落到地面后，引起人们的纷纷议论。正当人们猜测这块石头的来历时，一位老者的话引起了大家的注意。

他说："这块石头可不简单呀，它一定是不愿意忍受天庭清规戒律，得罪了玉帝而被贬到人间来的神石，这地上的陨石和天上的陨石可不一样，应该有所区别。我看这样吧，把这'陨'字左右两边换个位置，还念'陨'，我们这个地方就叫'郧阳'吧！"

从此，"郧"便成地名专有名词。随着岁月流逝，人们觉得"郧"念yǔn拗口，根据地方的语音规律，逐渐形成了yún的读音。

郧县地形由南边境向中部汉江沿线倾斜，形成峪谷与盆地相兼地貌，汉江由西向东贯穿全境，将全县分割为江南、江北两大部分。县境大部为山地，一般海拔高度为500米，气候温和，物产丰富。我们的祖先在这块风景优美的土地上生息、繁衍。

　　最初，在郧县梅铺村沟龙骨洞发现的古人类牙齿化石是4枚人牙，有上内侧门齿、下外侧门齿、上第二前臼齿和上第一臼齿，都是左侧的。总的形态与周口店北京人的牙齿相似，只是尺寸要大些。其地质时代有可能早到早更新世。

　　牙齿化石一起，还有打制石器及20多种动物化石，这些动物化石一部分属于大熊猫、剑齿象动物群，还有距今60万年至100万年的更新世的桑化鬣狗。这些都说明，郧县猿人的年代早于北京猿人和蓝田猿人，或许属于早期直立人范围。郧县猿人洞因此成为我国第五个发现猿人化石的地方。

　　根据发现的两件郧县人头骨特征，他们属于直立人类型，被正式定名为"郧县直立人"，简称郧县人。根据古地磁法测定，化石大致距今80万年至100万年左右，其时代为中更新世早期，堪称汉江流域的人类祖先。

两件"郧县人"头骨化石标本空前完好，它们对人类的起源与发展具有很高的学术研究价值。

据推测，1号头骨：25岁至45岁，女性；2号头骨：25岁至45岁，男性。而那时已有分工男性狩猎，女性采集、渔猎和用兽皮做衣服。

郧县猿人的发现，其意义可与北京猿人第一个头骨发现的意义相比。在郧县人文化层共发现石核、石片、砍砸器、刮削器、石锤等石器241件，以及大量打击碎片和带有打击痕的砾石，并出土类似手斧的两面器。与人类化石伴生的有丰富的哺乳动物化石，而且头骨、下颌骨完整者数量之大是其他遗址不多见的。

郧县人化石及其文化的发现，对人类进化具有重要价值。郧县人的年代非常古老，甚至与蓝田人的年代相当，但郧县人化石体质上却显示出许多早期智人的特征，从而对直立人与早期智人的发展关系以及南北文化关系的研究，提供了重要的实物资料。

经测算得出，"郧县人"的脑量值，接近"北京人"的平均值，这进一步证明了"郧县人"可能处于比较原始的直立人阶段。

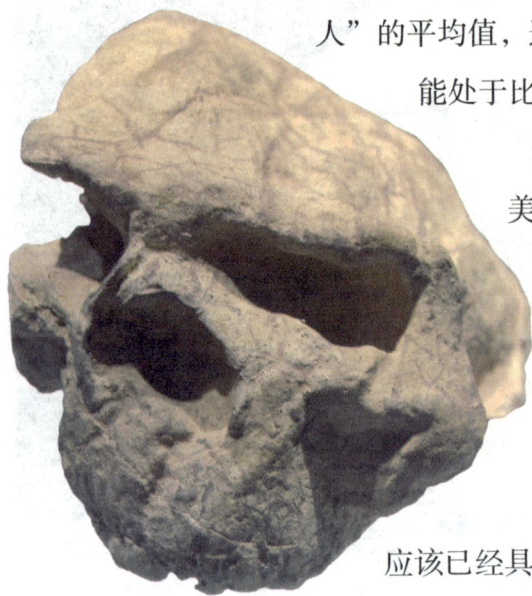

遥远的史前年代，这里水草丰美，大量动物生存其间，其中有较为温顺的有蹄类动物，也有凶猛的食肉动物，郧县人在这里制造石器，繁衍生息。

种种迹象表明，"郧县人"应该已经具有了狩猎行为，他们用大的砾

石做一种很好的砍砸器，对猎物进行切割或用于敲骨吸髓，这些活动也促进了他们大脑的发育。

哺乳动物大多为食草类，说明那时人类是选择性狩猎。动物化石保存非常完好，甚至连脚趾都看得到，说明其埋藏环境很好。石器与骸骨一同出土，说明这是人们打造石器，分享猎物的第一据点。

手斧的打造过程不同于一般石器打制，它需要一定的击打技巧和方法，具有一定的对称和美学的萌芽，所以手斧为人类智慧发展的标志性器物。

郧县人化石只有头骨，没有下颌骨与肢骨。推测可能是动物将其身拖进巢穴，不带走不易食的头；或者因为肌肉烂掉，关节之间脱离，由于洪水、下雨，被上涨的水冲走。

自"郧县人"头骨化石被发现后，人们一直在寻找比较理想的复原方法。"郧县人"头骨已被挤压变形，脑腔内的软物质已被坚硬钙质胶结物替代，这些都加大了对头骨观察和测量的难度。

如果采用模型切割法，就只能复原断裂错位的骨片，对变形部位无法复原。后来使用了超快速高档螺旋仪，对"郧县人"头骨进行扫描，总共扫描了255个层面，并运用扫描资料进行头骨图像的二维和三维重建。

在此基础上，选取亚洲晚期直立人中的"爪哇人"和"北京人"作为复原研究参照标本，从纵、横两个方向对"郧县人"头骨复原的弧度进行控制。

随后，对头骨进行复位、矫形、修复，将碎裂错位的头骨片进行复位，将被挤压变形的头骨片加以校正，对缺失的部分进行了修补，成功地复原了"郧县人"头骨化石。

郧县人的发现，改变了人类起源于非洲的传说，"郧县人"头骨化石的发现，向世界宣称：古老的汉江是汉民族文化的摇篮；古老的"郧县人"是我国人民的伟大祖先。

知识点滴

1975年，文物人员于湖北郧县梅铺杜家沟的龙骨洞发现牙齿化石；1989年5月，郧阳地区博物馆组织全地区文物干部进行文物补查。

1990年，由湖北省考古所、郧阳地区博物馆、郧县博物馆联合进行了试掘工作，又发现第二件头骨化石，编号为2号头骨化石。以后又接连两次进行了发掘工作，获取了大量的伴生动物化石和数百件石器。

郧县南猿定名后，湖北省考古研究所及时举行新闻发布会，向国内外公布了这一重大成果。《人民日报》、《光明日报》、《科技日报》、《中国新闻报》、《文物报》、《湖北日报》、《长江日报》和中央电视台、湖北电视台等国内新闻单位先后作为重要新闻报道了这一消息。《科技日报》把这一发现列为1989年我国十大科技新闻之一。

江南最早远古人类的长阳人

　　"长阳人"即长阳古人类化石，发现于我国湖北省长阳土家族自治县西南下钟家湾村一个称为"龙洞"的石灰岩洞穴中，距今19.5万年，是旧石器时代中期的人类。

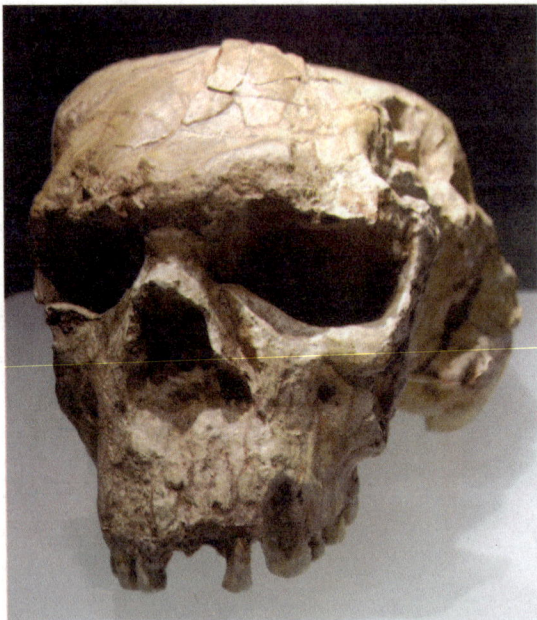

长阳人介于猿人和现代人之间，与北京猿人末期年代相当，属早期智人，是我国长江以南最早发现的远古人类之一。

"长阳人"的问世，说明了长江流域以南的广阔地带也是我国古文化的发祥地，也是中华民族诞生的摇篮。"长阳人"是世界人类进化发展于古人阶段的典型代表，它填补了人类"中更新世后期"和"亚洲长江流域"两个空白，也进一步否定了"中华文明西来说"。

长阳地处鄂西南山区，这里山岭纵横，植被丰富，洞穴较多，这就为远古人类居住和生存提供了较优越的条件。在这些溶洞中，蕴藏着较为丰富的古脊椎动物化石，且早在清代就被发现。

据同治年间的《长阳县志》记载：

掘得此物，骨脑如巨兽，身盘穴口二周，其刺骨如猪肋而锐，有四齿，粗如巨指，长三寸，板牙四枚，径半寸，长二寸……深山古洞中，多有此物，舔之粘舌者龙蜕也。

在"遗闻"部分也有出土化石的记载。由于当时科学的落后，当地人们将这些古脊椎动物化石统称为"龙骨"。

　　长阳人化石存在的"龙洞"为石灰岩洞穴。位于钟家湾村西北，洞口面向东南，洞内堆积除下部有大小不同的石灰岩碎块和底部靠洞壁的地方有局部的含碎石块和化石坚硬部分是角砾岩外，大部分堆积为深黄色松软的沙质泥土，在角砾岩和深黄色松软砂质泥土中均含有大量化石。

　　在原生地层中和松土中，还存有一颗人类的左下第二前臼齿，经测定，这是一颗距今10多万年的古人类牙齿化石，是长江以南古人类遗迹的首次发现。

　　与长阳人共存的还有象、猪、竹鼠、古豺、大熊猫、鬣狗、东方剑齿象、巨貘、虎、獾、鹿、牛、中国犀等大批南方常见的古脊椎动物化石。

　　"长阳人"化石包括一件不完整的、保留有第一前臼齿和第一臼齿的上颌骨，以及一颗单独的左下第二前臼齿。牙齿相当大，咬合面纹理复杂。齿冠较低，齿根很长，下第二前臼齿的齿根有两个分支。

　　"长阳人"上颌骨和其他早期智人的一样，一方面保留了若干原

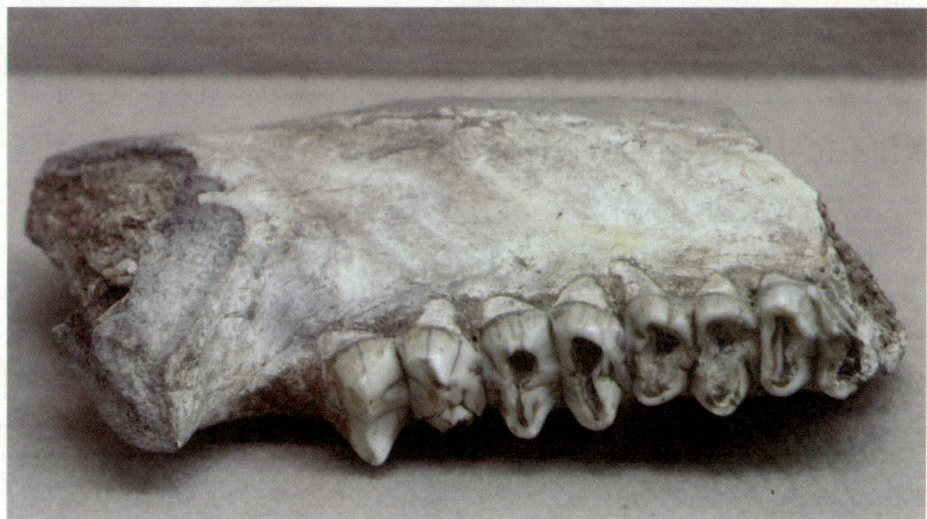

始性质，如梨状孔的下部较宽，鼻腔底壁不如现代人那样凹，而与猿
类接近，犬齿比较发达等；另一方面又有许多与现代人相近的进步性
质，如颌的倾斜度没有北京人的显著，鼻棘较窄而向前，上颌窦前壁
向前扩展超过第一前臼齿，颚面凹凸不平等。从总体看，长阳人所具
有的进步性质比原始性质要多，明显地比北京直立人进步。

　　长阳人生活的大山区，洞穴极多。这种环境为长阳人提供了生存
条件。在与长阳人伴出的动物化石中，有以嫩竹为食的竹鼠、大熊
猫，说明当时这里有大片竹林。

　　而东方剑齿象、中国犀和鹿类的存在，则说明附近还有开阔的林
边灌丛和草原。以上动物都是喜暖的，所以当时这里的气候是温暖而
湿润的。

　　"长阳人"的发现，证明在远古时期，在我国长阳境内就已有人
类生存活动。

"长阳人"是人类远古祖先之一，是神州的瑰宝，是中华民族的骄傲。长阳人及其动物群的发现，提供了洞穴和阶地的对比资料，解决了长江各阶地形成的时代问题，为我国南方的地层划分提供了依据。

"长阳人"遗址后于1988年、1989年、1995年先后三次进行发掘。获得各个时期的历史文物近万件。

"长阳人"化石现珍藏于中国科学院古脊椎动物与古人类研究所，在中国历史博物馆陈列展出。

1956年7月，钟家湾村群众为集体找副业门路，在洞内挖"龙骨"出售，县一中生物老师陈明智得知消息后，便带着学生到钟家湾采集化石标本，从供销社收购的数万斤"龙骨"中挑选了一箱化石，其中有一块是人的上颌骨化石，并附有两枚牙齿。

送往中国科学院古脊椎动物研究所后，经鉴定确为古人类化石，而且其中有一件人类的上颌骨是在长江以南与其相同的动物群中从来没有发现过的。

鉴于这批材料的重要性，中国科学院古脊椎动物研究所，于1957年特派人前往长阳调查并进行了科学的发掘。经过7天的发掘，在原生地层中和过去已挖过的松土中，又发现了一颗人类的左下第二前白齿。

知识点滴

湖南唯一旧石器时代人类石门人

　　湖南"石门人"，即在我国湖南省石门县皂市镇凤堡岭西山角的燕尔洞洞穴发现的人类股骨化石，这也是湖南境内首次发现的古人类

化石，属晚期智人，距今2万年，晚更新世的晚期。

　　石门人是我国湖南省唯一的旧石器时代晚期的人类化石点，填补了我国湖南旧石器时代人类化石的空白。石门县位于我国湖南省西北部。据《舆地纪胜》卷27澧洲石门县载：

　　　　吴时武陵充县松梁山，有石洞开，广数十丈，其高似弩仰射不至，名曰天门。

　　　　孙休以为佳祥，置天门郡于此……县西二十五里。岩石壁立如门，县以此名。

　　相传在很久以前，石门县这里是车走不通、人行不便的死岗，岗下面有一大汀，水深莫测，浊浪滚滚，水害连年，成为了无人涉足的天堑。

　　多少年，多少代，人们盼望这里能打通屏嶂成为坦途，变水害为水利。有一年，当地有一位老石匠，带领几名乡亲到石门岗上劈山开路，想打开东西部的交通，把岗下泛滥的汀水堵起来。他们每天爬上高岗，下到汀边，不停地挥锤舞镐，劈山填土。

　　可是，大家干了一天又一天，干了一月又一月，石门关仍没有劈开。原来，山下的汀里藏着一条鱼精，一只鳖怪，它们施展妖术，使石门关白天劈开一块，晚上又长出来一块。

　　一天，老石匠劈山归来时，发觉丢了一根錾子，他沿着弯弯的山路回去寻找。錾子找到了，他坐在山脚下喘口气，忽然听到一阵窃窃私语，一个鳖声鳖气地说："劈吧，有我俩在这儿休想劈开。"

　　另一个尖哑着声音："你别吹牛，一旦这些人用烟火烧石门关，我们就玩完了。"

　　石匠听后一口气跑回村里，连夜找来乡亲们，决定火烧石门关。

第二天一早，石匠领着乡亲们，扛着柴火，拿着旧衣服破袄褂上了石门岗，在山口点起了通天大火，火借风势，越燃越旺，只见山岗下的汀里，浓烟滚滚，汀水沸腾，鱼精和鳖怪被烧得嗷嗷直叫，逃跑了。

火熄烟灭、汀水变清，一泓碧波在山脚下荡漾。石匠和乡亲们欢呼雀跃，劲头倍增，立即投入了劈山开路的战斗。

冬去春来，石门岗被拦腰劈开，一条大路被开辟了出来。这里的人们过上了幸福的生活，他们在石门燕尔洞一带生息繁衍，被称为"石门人"。

石门县燕尔洞位于湖南省石门县原阳泉乡凤堡岭西山角的溇水北岸，在县城西北，现属皂市镇。

燕尔洞又称牙齿洞，并不是很大、很深的洞穴，它几乎只相当于一个洞的洞口，再往里就被堵住了，大小不过10平方米左右。洞前中央被一块断裂的大石头占住，可能是从上方垮下来的，上方岩壁

二三十米高就到了山顶。地面是一些碎石，里面有鹅卵石，石质是灰岩、砂岩、板岩和硅质岩，和洞穴所在的石灰岩不是同一种岩石。

1号洞在北侧偏下部位，2号洞在南侧偏上部位，两洞都处在凤堡岭西面的陡壁上，洞穴坐东朝西，洞高出溧水河河面。

在洞穴中还采集出土了猕猴、豪猪、竹鼠、虎、豹、獾、中国犀、华南巨貘、东方剑齿象等数十种动物化石。从发现的石器、骨器等工具以及并存的动物骨骼化石和某些动物骨骼化石上有火烧痕迹等推断，该洞是人类活动的场所。

在化石堆积层中，还发现远古人类使用过的打制石器，有砍砸器、刮削器、石核、石锤等石制品50余件，以及烧骨和经人类加工的骨器。

特别重要的是，在该处还发现了一段人类的左股骨和下颌骨化石各1件，以及完整的牙齿3颗。这为研究湖南古人类提供了十分重要的资料。

这些化石被命名为"石门人"。

"石门人"人类化石系一件股骨中部残段，呈黄色，中等石化程度，股骨具有清晰的纵向沟纹特征，股骨脊粗壮，内外唇明显，内唇褶曲痕深，外唇相对浅平，从股骨的特征看，与现代人接近，属智人。

石门人遗址的文化遗物，主要有石制品和骨制品，石制品多保留有自然砾石面，岩性为砂岩和石英岩，石器分为两类，第一类为细小石器，全部为刮削器，主要以黑色燧石为原料，石器制作方法均采用锤击法，以单面打击为主，少了第二步加工，骨制品有骨锥和骨器柄端。

陶器比较原始，器坯系用泥片粘贴而成，胎厚而不匀。大部分陶器的胎泥中夹有炭屑，一般呈红褐色或灰褐色。器类不多，主要是深腹罐与钵，普遍装饰粗乱的绳纹。胎泥所夹的炭屑中明显有稻谷与稻壳的痕迹，是我国最早的人工栽培稻谷。

燕尔洞遗址发展脉络是最清晰、最完整的一个古人类洞穴遗址。燕尔洞洞穴是在左侧的凹岸的石灰岩陡壁上发育的三层溶洞，燕尔洞洞穴遗址由两个洞穴组成，编号分别为1、2号洞。

1号洞穴有文化层堆积的洞厅，洞厅里黑暗无光，中央有一巨大的洞顶崩塌角砾，角砾的底部有丰富的动物化石胶结堆积。

在洞厅东侧延伸方向有哺乳动物化石和人类文化堆积，地层共有7

层，在第三层发现了人类的文化遗物。洞穴堆积层次分明，动物化石丰富。

2号洞穴在1号洞穴的左侧，略高于1号洞穴。洞口呈弧形，洞内堆积较厚，地层共计有5层，在第三层存在有哺乳动物化石和打制石器、骨器。

根据燕尔洞1号洞穴和2号洞穴堆积的地层分析与比较，1号洞穴应为晚更新世，距今2万年至10万年；2号洞穴略晚，已进入晚期"智人"阶段，距今1万年至5万年。

燕尔洞的动物种类组合，反映了燕尔洞一带在旧石器时代晚期以山地森林为主，间有河谷草地的自然景观，由此可知，燕尔洞的旧石器人类生活在一个气候温暖、林木葱郁、水源充足的山间河谷，这是一个良好的人类栖息地。

石门人的生存时代可以从共生的动物化石群得到说明，可能为晚更新世的晚期。燕尔洞洞穴遗址发掘面积虽小，却提供了十分重要的古人类文化信息。

知识点滴

1982年，在两处燕尔洞洞穴发现了古人类股骨，这是湖南境内首次发现的古人类化石。

后又在燕尔洞穴中采集动物化石多件，经考察，认定是一处有希望找到人类化石的重要洞穴遗址。

关于洞里的牙齿有各种各样的传说，附近慕名而来者偶尔进洞捡牙齿，端一碗水在水里磨，据说喝下去可以治病，但谁也没证实过是不是真的能治病。

广东唯一的远古人类马坝人

马坝人是旧石器时代中期的人类化石，属早期智人，存在于我国广东省韶关市曲江区马坝镇西南的狮子山石灰岩溶洞内。同马坝人伴生的脊椎动物化石有鬣狗、大熊猫、貘、剑齿象等多种，地质时代为中更新世之末或晚更新世之初。

马坝人距今12.9万年至13.5万年，是介于中国猿人和现代人之间的一种古人类型，是直立人转变为早期智人的重要代表，也是广东省

发现的唯一的远古人类。

马坝人头骨的发现，扩大了我国远古人类分布的范围，填补了我国华南人类进化系统上的空白，更完善了我国原始人类的发展序列。

狮子岩位于曲江县城西南，它的外形貌似狮子，由狮头峰与狮尾峰两座秀丽玲珑的石灰岩孤峰所组成，一高一矮，南北并立，由北遥望如卧狮酣睡，由南远看则似雄狮起舞。

山中溶洞交错，上下相通，底层终年积水。南者称"狮尾"，距地面很高，北者称"狮头"，距地面也很高，统称为狮子岩。

关于狮子岩和马坝镇，有一个神奇的传说：话说唐僧到西天取经回来后，孙悟空、猪八戒、沙和尚也修成了正果，玉帝要把他们招回天庭，进行加官封赏。只有唐僧的座骑白龙马，由于没有和妖魔鬼怪撕杀搏斗的惊天动地的功绩，因此，那些报功的小仙就没有把白龙马列为唐僧的徒弟作为"修成正果"的对象报给玉帝。

白龙马无聊至极，好生没趣，想着在长安无所作为，不然回家算了，就独自离开长安城，往东海而去。不知走了多少时日和多少路程，他却走错了方向，往南去了。

白龙马来到一处绿水环绕的河畔。河畔有很多嫩绿的青草，他停下咀嚼起来，吃饱了走到河边喝些清甜的河水，喝足，躺到沙滩上晒太阳，望着四周荒凉景色，想起跟随师父师兄们到西天娶经的情景。

就在这时，天仙太白金星豢养的一只天狮偷跑下凡，刚来到下界，就看到躺在河畔的白龙马，一下子就撩起它的食欲。那天狮看白龙马好像睡着的样子，就在树丛里一跃而起，发出震天的吼声，向白龙马猛扑过去。

白龙马毕竟也不是等闲之物，在天狮就要扑到的刹那猛然跳起，几个空翻避过了天狮的偷袭，长啸一声，跃过了几十米宽的河流，稳稳地站在对岸的草地上。而由于用力过猛，原先披在背上的唐僧坐过的马鞍就甩了出去，落在河岸几百米外。

白龙马长啸声被有顺风耳的孙悟空听到，他知道白龙马有难了。而天狮的吼声也传到了天庭，太白金星也听得明白，断定那个孽障偷跑到凡界闹事了。

孙悟空一个跟斗云，已去了十万八千里。太白金星也听出了天狮和白龙马的声音是出自一处的，也忙追悟空而去。

天狮看白龙马避过了，不由得一愣：凡界的物件好生了得，居然躲得过我天狮。就更恼怒，又发一声长吼，一跃过河，再向白龙马扑去。

白龙马由于惊魂未定，还

没搞清这是怎样一个厉害家伙，那庞然大物又扑过来了，由于迟疑了一阵，他这次逃避的速度就慢了一拍。

在这千钧一发的时刻，孙悟空来到了小河的上空，他从耳朵取出如意金箍棒，猛向天狮掷去。那金箍棒如电光之速冲向天狮，吓得就要扑到白龙马身上的天狮赶紧逃避。

孙悟空降下祥云，落到白龙马身旁，说："悟空来迟，师弟受惊了，你在此歇息，我去收拾那孽障。"说完，扬起金箍棒，追那天狮而去。

刹时，在这河边上，飞沙走石，河水翻滚，孙悟空和天狮一会儿在地上，一会儿在半空厮杀追打，好一个恶斗场面。这时，天空中出现一道剧烈的白光，原来太白金星站在一团祥云上，手举一个物件向着天狮，空中念念有词，那天狮就匍匐在地上，一动也不能动了。

太白金星又说："孽障，你偷跑下界，犯了天条，我就罚你变成石头，在下界永受雨淋日晒吧！"

从此，这条河的南边就有了一个狮子岩。这两山之间的河畔，由于白龙马在这躺过，后来，马坝人来到这里生活，逐渐兴起了一个墟镇，也就叫作马坝镇了。

在马坝狮子岩发现的古人类化石为一头骨的颅顶部分，包括额骨和部分顶骨，还保存了右眼眶和鼻骨的大部分，可能是一位中年男性，呈卵圆形，颞线不明显。无顶骨孔，眼眶上缘为圆弧形，与尼安德特人相似，鼻骨相当宽阔，与现代人不同。

马坝人眉脊粗厚，眶后部位明显收缩，额骨比顶骨长，表现出和直立人类似的原始特性。头骨的最宽处约在乳突上脊稍上，颅顶正中有类似矢状脊的结构，但不如我国北京周口店猿人明显。

但它的颅骨骨壁较薄，颅穹窿较为隆起，脑量较大，估计可能超过北京人，又具有智人的进步性质。因而分类上可归于早期智人，代表直立人转变为早期智人的重要环节。

马坝人头骨形态虽然比北京猿人的进步，但也有许多性状与北京猿人相似，说明与北京猿人有密切的亲缘关系。与欧洲的尼安德特

人性状也有些相似，但存在着更大的差别。

在与马坝人同期的洞穴沉积层中，还发现有大量第四纪动物化石，包括华南虎、大熊猫、熊、狗、獾、中国犀、貘、东方剑齿象、鬣狗、野猪、鹿、羊、猴等几十种。

这几十种动物中，属哺乳类动物的计有27种，这27种哺乳类动物化石基本属于华南地区泛称为大熊猫—剑齿象动物群的成员。

大熊猫、剑齿象动物群在华南地区在更新世早期已经出现，一直延续到更新世晚期，在时间上差不多跨越百余万年，这种状况在生物系统演化史上是难于想象的。在差不多100万年期间，这个动物群的更新与变化是不大的，以致难于按不同年代加以划分。

在这一漫长的岁月里，随着全球性的几次大冰川期的出现以及地壳新构造运动的发生，地处低纬度的华南地区生态环境也发生了不少变迁，环境的改变当然影响到动物群的结构，引起种属的更新以及形态特征的突变。虽然各类动物对生态变化反应强弱不同，但绝对不发生变化者极少。

所以，作为马坝动物群的主要成员，属于中更新世时期和时代较早时期的种属占大多数，属于晚更新世或现生种的只占少数。

比较起来，马坝动物群的特点是：没有第三纪的残留种，也没有确凿证据证明有早更新世的种属存在，但有早期智人化石；大部分种类均为中更新世洞穴中常见的大熊猫—剑齿象动物群的成员，而且绝大多数的种类都表现出个体明显增大的现象。

由此可见，马坝动物群不可能作为华南地区中更新世早一阶段的代表性动物群，至多也只能作为这一地区中更新世中、晚期动物群。

考虑到南方气候变化剧烈程度不如北方，动物群成员更替速度较慢，将它作为中更新世晚期末的代表性动物群可能更为合适。在马坝人生活的洞内，还发现了两件砾石打制的砍砸器。

从以上的分析可以看出，马坝古人类生存的时候正处在冰川期到来之际，由于地处低纬度地区，气候仍然是适宜的，周围的生态环境既有茂盛的森林存在，同时还有广阔的水域，除在较高的山上有可能出现局部的山麓冰川外，绝不会大面积出现冰川。

但不可能仍然保持原来的亚热带气候，而是变成温暖湿润、四季分明的气候环境。夏季温热多雨，春秋季干爽凉快，冬季则稍为偏冷。当地属粤北山区，除

受纬度的控制外，还受垂直气候带的影响，因而动物群的成分更加多样化。

在马坝人时期，到处一片生机盎然，这对人类的生存和发展是一个非常适宜的环境。马坝人也就是在这种环境中繁衍、生息的，即相似于远古传说中"钻燧取火以化腥臊"的燧人氏时代。

狮子岩的狮头峰也称前山，狮头峰溶洞由下而上，共有5层，在第二层洞口竖着一座复原的"马坝人"胸像。

"马坝人"虽然比起生活在50万年前的北京猿人已经有了很大的变化，但仍然保持着猿人的特征：眉骨前缘向前突出，头顶盖低平，前额部向后倾斜，口吻部阔平尖出。马坝人遗址的发现，为探讨人类演化和发展提供了重要的实物资料。为完善我国原始人类发展的序列提供了相当重要的资料；马坝人的发现，证明了广东的历史可以上溯到原始社会的原始群时代。

知识点滴

1958年，广东省韶关市曲江区马坝镇当地农民在狮子岩附近烧制土磷肥时，偶然在狮头山石缝中发现了头骨化石。他们马上向上级汇报了情况。

后经有关专家鉴定，认定这里出土的是一种极为重要的人类化石标本。中国科学院古脊椎动物研究所派出专家、教授会同有关考古工作者前来勘察。

后来，在化石出土的地方又挖掘出一件形似龟壳的化石，经鉴定为人类化石标本，属第四纪更新中期人类；继而在出土地又发现了些碎头盖片，经拼凑粘接，复原为一个完整的古人类头盖骨。专家们把它定名为"马坝人"化石。

亚洲最早的晚期智人柳江人

　　广西"柳江人"为我国古人类化石，存在于我国广西壮族自治区柳州市东南的柳江县。为人类颅骨一具，脊椎骨、肋骨、骨盆和大腿骨化石多块。

　　"柳江人"距今已有四五万年历史，是蒙古人种一个南方属种的典型代表，是我国发现的最早的现代人化石。

　　柳江县位于广西壮族自治区中部，属亚热带季风气候，日照充足，雨量充沛，温度适宜，四季常绿，非常适合人类生存。柳

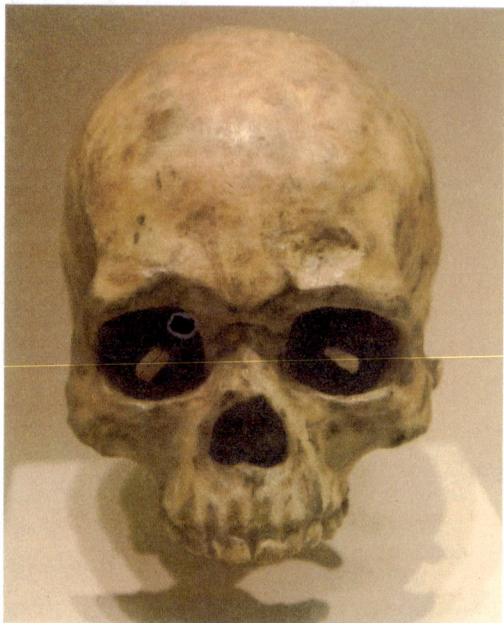

江境内溶洞众多，比较著名的如龙栖洞，又称乾王洞，位于福塘乡境内，是我国传说中古时候计氏豢龙公养的真龙曾栖息的地方。

"柳江人"遗址所在山洞附近地貌为半山地半丘陵，高出附近地面约70余米。通天岩在山体的上部，是一个巨大的喀斯特岩溶洞穴，洞顶有天窗与洞外相通，洞前有斜道下至"柳江人"洞口。洞口朝北，有主洞与数条支洞。

在柳江发现的人类化石为一中年男子骨骼的一部分，包括一个完整的头骨化石，四个胸椎并粘连有长短不一的肋骨五段，和全部五个腰椎以及骶骨。化石呈灰白色，石化程度中等。

头骨属中头型，眉骨微隆起，脑壳容积约1400多毫升；前额膨隆，嘴部后缩，门齿舌面呈铲形，无猿人向前突出特征；枕部有粗壮肌脊。

柳江人头骨上的主要骨缝都已有中等程度的愈合，牙齿已有相当程度的磨蚀，大概年龄在40岁左右。头骨中等大小，眉嵴较为粗壮，眉间部肥厚，额部稍稍倾斜，额结节和顶结节不明显突出，肌脊较弱，乳突部粗壮，但乳突细小。

柳江人的鼻短而宽。属最宽鼻型。鼻骨大而宽，鼻梁稍凹。柳江人头骨的鼻根宽比任何现存的人种为宽阔。由此，表示柳江人头骨具有一定的原始性。

柳江人头骨虽属中头型，但在中头型的下限，接近于长头型。前囟的位置较现代人的为后。眉脊相当粗壮，额部稍向后倾斜。面部短而宽，眼眶也相应地矮而宽。

从这些特征，可推测出"柳江人"头部姿势与现代人相同；体质形态上和现代人基本相似。但仍保留一些头顶比现代人稍低矮，眼眶很扁等较原始性质，头骨颜面扁平程度表明"柳江人"具有蒙古人种主要的特征。

柳江人化石肢骨保存的有右侧的髋骨，但耻骨部分缺损，另外有左右股骨干各一段，杂有大小和形状不一的褐色斑块。

椎骨较为细致。骶骨宽度中等，上部曲度平缓，下部则弯曲度增大，月状关节面下延达第三骶椎水平，这些是男性骶骨的特征。

骶骨的色泽较深，是否与头骨和体骨属同一个体，难于确定，但

骸骨既由同一地点发现，又没有发现重份的人类骨骼，所以可能全部人骨化石属于同一个体。

髋骨也较细致，髋臼明显向前，髂骨部分较为张开，但髂窝较浅。髋骨与骶骨的月状关节面互相吻合，明显属于同一个体，因此可以确定是男性的个体。

但是，因为那段股骨比较纤细，也可能代表一位女性，依据股骨估计其身高约为157厘米。后经碳分析测定，该化石已存在10万年之久。确定这是一个中年女性的头骨化石，年龄大概在40岁左右。

这些古化石分属于男女两个人，与当地传说的"夫妻树"的情节非常相似。

在柳江有一棵神奇的"夫妻树"，此树原为一棵千丈树，树干挺直，紧临它的一棵黄桷树竟然主动贴身"求爱"，黄桷树吐出的须根如手臂般不断伸出，天长日久竟将千丈树全搂在怀中，只在树身局部露出巴掌大的一块千丈树树干，演绎了一段古老的爱情传奇。

相传很久以前，在美丽的花溪河畔有一个小村，山水秀丽，说来也奇怪，基本上每家都生的是女儿，个个出落得俊俏美丽，人见人爱。

这一天，从山外来了一个英俊的姓柳的后生叫柳千丈。他勤劳诚恳，很受村里人喜欢，于是也就安安心心地在这里扎下根来。光阴似箭，一晃柳千丈已经20多岁，应该是成家之时了。

这里有老先生姜积德一家，膝下老来得女，名叫姜玉娥，年方18岁，长得非常美丽，和柳后生实在是天设地造的一对绝世佳缘，经村里人撮合，柳千丈最终和姜玉娥成亲了。

不知不觉一晃多年，姜玉娥先后为柳千丈生育了12个儿子，可惜一场瘟疫，她还不到40岁就不幸离开了人世。柳千丈将心爱的妻子埋在不远的地方，带领孩子们亲手种下一株黄桷树为记年年来此祭拜。

当柳千丈老了的时候，已经是五世同堂，他的12个儿子带领各自的儿子的儿子的儿子，齐齐来给他做大寿，真是人丁兴旺，300来口柳姓人家及场上亲戚人流串动，好不热闹。

柳千丈心头高兴，也不知是酒醉了还是什么原因，突然好像变了

一个人，他声如洪钟地对满堂子孙吼道："都给我跪倒，听我说！"

只听柳千丈说："我那玉娥喊我去陪她，地点就在她的身边不远处，已经有个地方给我安好了椅子，你们听到了没有？"

柳千丈突然没有了声音，大家在诧异中抬起头，看见老人家大笑着已溘然长逝。老大带着老二老三直奔母亲坟前寻觅，果然在母亲坟前不远的地方，看见了不知谁在那里取土挖出的很大的一处圆洞，只得照父亲临终的话，把他安葬在这里。

时间又在不知不觉中划过，柳千丈的坟前不知啥时候长了一棵树苗，谁也不知道这种树叫什么树名，两年工夫，笔直地往上长，居然有大碗粗细，人们干脆就以柳千丈的名字约定俗成地称呼为"千丈"树。

奇怪的事一件接着一件，就在这一年，姜玉娥的坟茔上长大的黄桷树在树冠顶部向着这棵千丈树搭过两条长长的枝干来，像两条手臂紧紧地箍住这棵千丈树。

夜晚来临，路过树下的人们经常听到一男一女的声音就在附近响起，就像恋人一样窃窃私语，缠缠绵绵，发出的声响非常悦耳。

据说，新婚的夫妇只要在这里听到这种声音，那么女方今后怀胎十月，生下来的必定是个男孩。

神奇的事越来越多，黄桷树伸过来的枝干也越来越多，就像瀑布从天而降，把个千丈树从头至脚包裹得严严实实，就像柳千丈和姜玉娥活着时一样。于是，人们就称之为"夫妻树"。

根据"夫妻树"的传说，或许这两个古代柳江人的化石，就是当年的柳千丈和姜玉娥也说不定。

柳江人化石与山顶洞人一样，一方面保留有一些相对于现代人类原始的特征，另一方面已经具有了一系列现代蒙古人种的特点，表明柳江人是正在形成中的蒙古人种的一种早期类型，生物分类上归于晚期智人，并且，柳江人是我国以至整个东亚所发现的最早的晚期智人。从柳江人头骨的形态特征，头骨的颅盖高指数和前囟位指数，前囟角和额角等判断，柳江人可以确定属晚期智人类型，较周口店的山顶洞人和四川资阳人为原始。

同时，柳江人所在的区域，恰好是壮族先民的活动地域，也是我国壮族的聚居地区。基于此，壮族是这些古人类的后裔之一。

遗址中没有发现石器或其他工具。与柳江人化石同时发现的动物化石都是南方山洞里常见的大熊猫、剑齿象动物群里的动物。计有近乎完整的大熊猫骨架、完整的箭猪头骨、中国犀、剑齿象、鹿类和牛类的牙齿、破碎肢骨。

熊猫的头骨位于人类头骨化石的附近，而其他动物化石则发现于胶结的黄色堆积中。熊猫化石和人类头骨化石上都粘结有同样的红色土质，从堆积的性质上看，它们是同一时代产物，比更新世中期为晚。而人类化石明显是新人阶段的原始类型，时代属更新世晚期。

知识点滴

1958年，广西壮族自治区柳江县新兴农场一个分队在农场附近寻找肥泥，有人提出挖掘当地人称为通天洞中的堆积土作肥料。人们高举火把，把通天洞照得通亮，他们一连挖了几天，几乎把洞里的沉积土挖下3米深，挑出来放在地里作肥料。

他们挖着挖着，在离洞口18米处偶然发现一个完整的人的头骨化石，仅缺下颌骨。农场场长得知后非常重视，将化石装箱妥善保护，由有关部门上报国务院。

周恩来总理得知后，立即通知当时正在广西柳城县作考古调研的中国科学院著名古人类专家到现场考察。根据研究，定名"柳江人"，这是我国以至整个东亚迄今所发现的最早的晚期智人。

北部猿人

　　我国北部地区从远古时期就有人类在这些地区活动，与自然进行着不屈不挠的斗争，并且留下了丰富的人类遗存。

　　比如驰名中外的北京周口店北京猿人、我国古都西安的陕西蓝田人、山西西村人、山西西侯度人、内蒙古扎赉诺尔人、辽宁金牛山人和吉林榆树人等。

　　每一个遗址都闪烁着中华民族的古老文明之光，为我国和世界人类发展研究提供了宝贵的实物资料。

中华民族古文明代表北京人

　　"北京人"是我国北京市西南房山区周口店发现的远古人类化石，正式名称为"中国猿人北京种"，但通常被称为"北京直立人"，简称"北京人"。

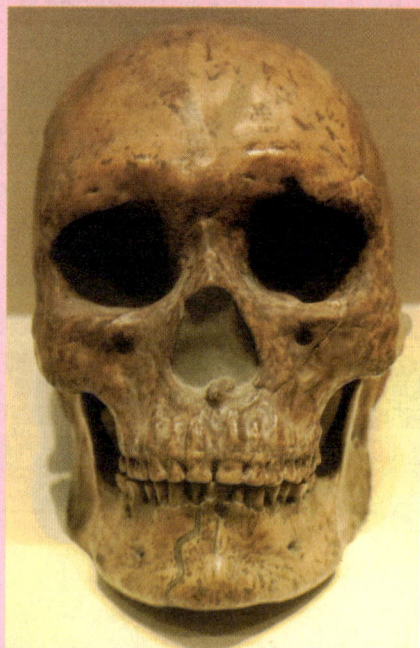

　　"北京人"的发现，解决了爪哇人发现以来围绕"直立人"究竟是猿还是人的争论。事实表明，在人类历史的初期，从体质形态，文化性质到社会组织等方面，的确有过"直立人"阶段，他们是"南猿"的后代，也是以后出现的"智人"的祖先。"直立人"处于从猿到人进化序列中重要的中间环节。

　　周口店古人类文化遗址的发

现，给我国历史文明谱写了一首美丽庄严的序曲，为研究旧石器时代早期的人类及其文化提供了可贵的资料。周口店北京猿人遗址也因此成为人类化石材料最丰富、最生动、植物化石门类最齐全而又研究深入的古人类遗址。

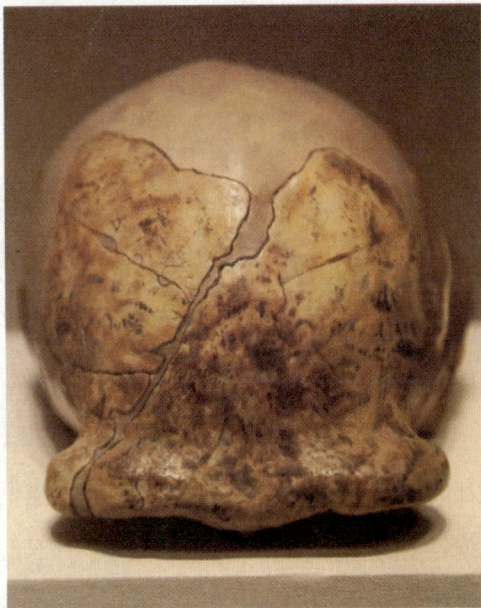

周口店处于山区和平原接壤部位。离"燕京八景"之一的卢沟桥不远。北京人遗址附近山地多为石灰岩，北面是重叠的高山，西面和西南为低缓的群山所环绕，东南方是广大的平原，这些山地，就是驰名世界的龙骨山。

在龙骨山的东边有一条河流。在水力作用下，形成大小不等的天然洞穴，成为埋藏"龙骨"的仓库。在这里发现的北京人化石大概属于40多个个体。

北京人头骨的最宽处在左右耳孔稍上处，向上逐渐变窄，剖面呈抛物线形。这与现代人头骨的最宽处上移到脑颅的中部不同。北京人的头盖骨低平，额向后倾，虽已比猿类增高，但低于现代人。

北京人的脑量介于猿和现代人之间。他们的头盖骨比现代人约厚一倍。眉脊粗壮，向前突出，左右互相连接。颅顶正中有明显的矢状脊，头骨后部有发达的枕骨圆枕。

北京人面部较短，吻部前伸，没有下颏。有扁而宽的鼻骨和颧骨，颧骨面朝前，这表明他们有宽鼻子和低而扁平的面孔。下颌骨的内面靠前部有明显的下颌圆枕。

北京人牙齿，无论齿冠或齿根都比猿类弱小，齿冠纹理也简单，但比现代人粗大、复杂得多。另外，犬齿和上内侧门齿的舌面，有由底结节伸向切缘的指状突；上内侧和外侧门齿的舌面为明显的铲形。

北京人的头部保存的原始性质表明它们属于直立人发展阶段。北京人的门齿呈铲形，有宽鼻子和低而扁平的面孔，下颌骨内面靠前部有下颌圆枕等，又表明他们具有明显的现代蒙古人种的特征。

北京人的下肢骨髓腔较小，但在尺寸、形状、比例和肌肉附着点方面都已和现代人相似，这证明他们已经善于直立行走。北京人的上肢骨和现代人的接近程度更甚于下肢骨，说明他们的上肢已能进行与现代人十分相似的活动。同时，在北京人遗址处还有不下10万件石制品，以及丰富的骨器、角器和用火遗迹。

石器以石片石器为主，有砍斫器、刮削器、雕刻器、石锤和石砧等多种类型。石核石器较少，且多为小型。原料有来自洞外河滩的砾石，也有从2千米以外的花岗岩山坡上找来的水晶。

北京人用砾石当锤子，根据石料的不同，分别采用直接打击法、碰砧法和砸击法打制石片。北京人从一面或两面打出刃口，制成砍斫器，反映出一定的技术水平。在世界上已知的同时期的遗址中，还从没有听说过精致程度可与之相比的同类石器。从石锤上留下的敲击痕迹可以看出，北京人善于用右手操作。此外，在一些未经第二步加工的石片上，往往也发现使用过的痕迹。

遗址中有许多破碎的兽骨，其中某些是北京人制作和使用过的骨器。例如，截断的鹿角根可以当锤子使用，截断的鹿角尖可以作挖掘工具。从这些鹿角上可以看出，北京人已掌握了在要截断的地方先用火烧，使之容易截断的方法。

　　又例如，许多鹿头骨只保留着像水瓢似的头盖，上边有清楚的打击痕迹，多数经过反复加工，保留部分的形状也相当一致，可以看作舀水的器皿。有的动物肢骨顺长轴劈开，把一头打击成尖形或刀形；有的骨片在边缘有多次打击痕迹，也可作工具使用。

　　在北京人洞穴里还有北京人用火留下的灰烬。灰烬层中，有许多被烧过的石头、骨头和朴树籽，还有一块紫荆木炭。灰烬有的成堆，说明他们已能很好地管理火。虽然目前还无法证明北京人已能人工取火，但他们显然学会了保存火种的方法。

　　较大的灰烬层有4个，第4层的灰烬最厚处超过6米。从第13层以上发现动物化石，这一层还出土了几件石器，表明已有早期人类活动。

　　通过对"北京人"及其周围自然环境的研究，表明50万年前北京

的地质地貌与现在基本相似，在丘陵山地上分布有茂密的森林群落，其中栖息着种类丰富的动物种群。但也曾出现过面积广阔的草原和沙漠，其中有鸵鸟和骆驼栖息的遗迹，表明在这段岁月里，北京曾出现过温暖湿润和寒冷干燥的气候状况。

北京人遗址时代有一个发展过程。当初被认为是上新世。后以动物群的性质为主要依据，判明这个遗址属于比泥河湾期晚而比黄土期早的中更新世。最终测定为距今70万至20万年左右。

北京人是用天然火，所谓的天然火不是人工取的火，而是打雷正好击中干燥的木头，点燃了火，又或者是火山爆发和森林火灾。晚上大家轮流看火，他们是用灰来保存火种的。那一时期他们用火烤东西吃，晚上睡在火边，这样可以取暖，还可以赶走野兽，因为野兽怕

火。

而鬣狗和北京猿人的关系极为密切。在猿人洞遗址中，北京猿人和鬣狗相互交错的化石堆积层清晰地表明，洞穴最早的主人应该是鬣狗，50万年前的时候，北京猿人开始入住这里，从此，双方交替占领洞穴，进行了长达数十万年的殊死搏斗。

那时的周口店一带，深林茂密，野草丛生，猛兽出没。北京人将石块敲打成粗糙的石器，把树枝砍成木棒，凭着极原始的工具同大自然进行艰苦的斗争。这样只靠单个人的力量，无法生活下去，因此，他们往往几十个人在一起，共同劳动，共同分享劳动果实，过着群居生活，形成了早期的原始社会。

北京周口店遗址不仅是有关远古时期亚洲大陆人类社会的一个罕见的历史证据，而且也阐明了人类进化的进程。

知识点滴

1987年，联合国教科文组织将北京周口店"北京人"遗址列入《世界遗产名录》。

周口店遗址成为《世界遗产名录》的标准：能为一种已消逝的文明或文化传统提供一种独特的至少是特殊的见证；与具特殊普遍意义的事件或现行传统或思想或信仰或文学艺术作品有直接或实质的联系。

亚洲北部古老直立人蓝田人

陕西"蓝田人"是发现于我国陕西省蓝田县公王岭和陈家窝两地的古人类化石，旧石器时代早期人类，属早期直立人，学名为"直立人蓝田亚种"。生活在距今115万年前至70万年前。是亚洲北部所发现的最古老的直立人。

蓝田猿人头骨的发现，扩大了已知的我国猿人的分布范围，增加了世界猿人化石的分布点，对探索和考察人类起源具有重大意义。

公王岭在蓝田县城东南，是灞河左岸最高的小土岗，前临灞河，后依秦岭。登上公王

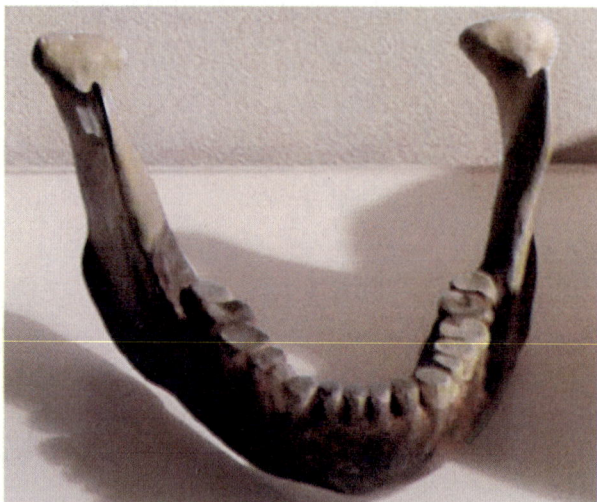

岭，即发现厚厚的古老的砾石层，上面覆盖着厚约30米的"红色土"。红色土的下部夹有两层埋藏土，人类化石就埋藏在其中。

陈家窝位于灞河右岸，化石也发现于最高一级阶地的红色土层中。"红色土"属华北中更新世堆积。

蓝田人化石有头盖骨、鼻骨、右上颌骨和三颗臼齿，同属于一个成年人，可能是女性。蓝田人头骨有许多明显的原始性状：眉脊硕大粗壮，左右几乎连成一条横脊，两侧端明显向外侧延展；眉脊与额鳞之间的部位明显缩窄。头骨高度很低；头肌骨壁极厚，厚度超过周口店的北京人，脑量小于北京人。

蓝田人的年份较周口店的北京人早数十万年。因此他们在体质形态上有不少差别。例如蓝田人的容貌更似猿猴，智力和四肢也比不上北京人发达。因而把蓝田人分类为"早期直立人"，把北京人分类为"晚期直立人"。他们住在更新世中期、旧石器时代。早期的蓝田人为西安最早的居民。

蓝田县有个地方叫女娲谷，那么蓝田人是不是与我们中华民族的始祖女娲有什么关系呢？

传说，女娲是伏羲的妹妹，后来伏羲氏死了，女娲氏没有儿女，因为年纪渐老，便回到美丽的陕西蓝田县女娲谷，准备颐养天年。

哪知这时，来了一个叫康回的怪人，专用水害人，女娲氏心中不忍，于是再出来与康回斗争。

康回生得铜头铁额，红发蛇身，是一位天降的魔君，来和人民作对，大家又把他叫作共工氏。他那一邦的人熟悉水性，与人打仗总用水攻。

女娲氏运用她的多种变化，到康回那里打探了一番，回来后就叫众多的百姓预备大小各种石头，分为5种，每种用青、黄、赤、黑、白的颜色作为记号。

女娲又吩咐大家预备长短木头100根，另外再备最长的木头20根，女娲氏亲自动手，每根上面都给它雕出一个鳌鱼的形状。还叫百姓再备芦苇50万担，限一个月内备齐。

同时，女娲又挑选1000名精壮的百姓，指定一座高山，叫他们每日上下各跑两趟，越快越好，又挑选2000名伶俐的百姓，叫他们到水中游泳泅没，每天4次，以能在水底潜伏半日最好。

女娲氏运用神力，传授他们一种秘诀，使那2000名百姓欢欣鼓舞，认真练习。女娲氏又取些泥土，将它捏成人形，大大小小，一共捏了几千个，这些泥人一下就变成了真人。就这样，女娲带领大家终于打败了康回，使蓝

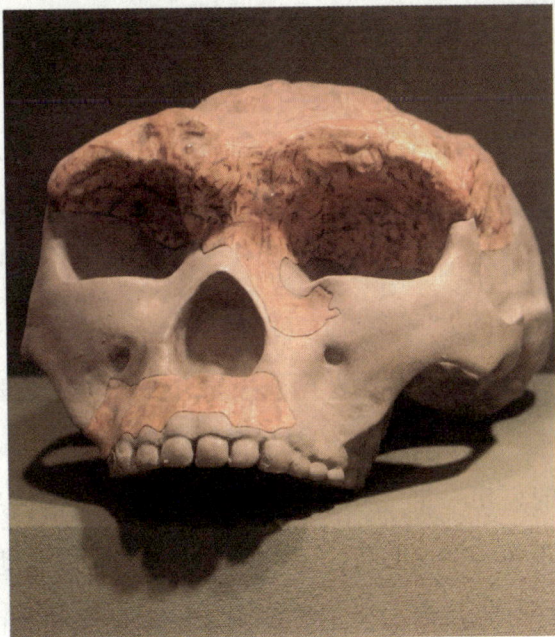

田百姓们又过上了幸福生活。也许，女娲死后，人们就把她埋在了公王岭，经过多年之后，成了化石。

蓝田公王岭的红色土中，还发现哺乳动物化石42种，不但包括较多的华北中更新世常见种属，如中国缟鬣狗、李氏野猪、三门马和葛氏梅花鹿等，而且存在少量的第三纪残存种和第四纪早期典型种，如蓝田剑齿虎、中国奈王爪兽、更新猎豹和短角丽牛等。

公王岭动物群最引人注目的地方，是它具有强烈的南方色彩，如其中的大熊猫、东方剑齿象、华南巨貘、中国貘、毛冠鹿和秦岭苏门羚等，都是华南及南亚更新世动物群的主要成员。

公王岭动物群中存在着这么多的南方森林性动物，一方面表明当时蓝田一带气候温暖、湿润，林木茂盛；另一方面也表明那时的秦岭不像后来这么高，还未隆起成为妨碍南北动物迁移的地理屏障。

陈家窝与公王岭不同，缺少带有强烈南方色彩的哺乳动物。软体动物也基本上都是现代生活于华北的种类。两个地点的直线距离只有22千米，动物群却存在如此大的差别，这一事实也反映了时代的不一致。

在蓝田的中更新世化石的层位里，共发现200多件石制品，其中从公王岭含化石层和稍晚层位中发现的不过13件，另外一些则出自附近与该层相当的20来个地点。加工方法为简单的锤击法，石片一般未经第二步加工即付诸使用。

这些石制品本身的技术差别不大，在材料不足的情况下，一般暂时将它们都看作蓝田人的文化遗物。蓝田人的石制品包括砍斫器、刮削器、大尖状器和石球，还有一些石核和石片。它们多半用石英岩砾石和脉石英碎块制成，加工技术粗糙，有单面加工和交互加工者。器形多不规整，对原料的利用率也较低，表明当时的石器制作技术仍具有一定的原始性。

石器中最有物色的是大尖状器，断面呈三角形，又称"三棱大尖状器"。除蓝田外，这种石器在丁村遗址、合河文化、西侯度文化和三门峡市等地点中也有发现。上述地点均位于"汾渭地堑"及其邻近地区，表明

大尖状器是这个地区旧石器文化的一个重要因素。

在蓝田只发现一件石球，制作粗糙，与丁村、合河、三门峡市等地点发现的比较接近。蓝田的砍砸器和刮削器没有什么特色，制法和类型都和华北其他旧石器时代早期地点的差不多。

在公王岭含化石层里还发现了三四处灰烬和灰屑，散布范围均不大，很可能是蓝田人用火的遗迹。

由此可知，大约100万至50万年前，当时蓝田人的生活地区，草木茂盛，有很多种远古动物栖息，包括大熊猫、东方剑齿象、葛氏斑鹿等素食动物，更有凶猛的剑齿虎。蓝田人用简单而粗糙的方法打制石器，包括大尖状器、砍砸器、刮削器和石球等，在自然环境中挣扎求存。他们捕猎野兽，采集果实、种籽和块茎等为食物。

知识点滴

1964年的夏秋季节，在中科院前期6位专家在蓝田陈家窝村发现了距今约60万年的直立人下颌骨化石之后，黄慰文教授率领另一个考察队准备到蓝田北岭的三官庙地区去考察，因为当地老乡传说该地曾出现过"龙骨"。

那天，他们到公王岭东北边去考察，但走到半路就被大雨阻拦住了，只能在公王岭附近的一个村子里避雨。在避雨的过程中，这个小村的一位老乡告诉他们，公王岭上有"龙骨"，并建议他们去看看。

第二天，考察组的几个人便来到了公王岭上，在公王岭的黄土层中，确实看见了许多"龙骨"。后来，当他们把用了10多层纸包裹的这半颗牙交给权威学者贾兰坡时，贾老激动地一下子大声叫了起来："人牙！"

10月12日，轰动世界的蓝田猿人头骨终于被发现了。1982年，国务院公布蓝田猿人遗址为国家重点文物保护单位。

从古猿到古人类过渡的大荔人

陕西"大荔人"化石发现于陕西省大荔县城西北的段家乡解放村甜水沟附近的洛河第三阶地沙砾层中，是我国发现最完整的西北地区旧石器时代早期智人化石。是我国旧石器时代从猿人到智人类过渡的一个代表。

与大荔人化石同时出土的还有石制品和一些哺乳动物化石，时代为中更新世末期，距今年代为15万年至20余万年。

大荔人头骨化石的发现，在我国及东亚地区早期人类演化史的研究中具有非常重要的地位，填补了我国

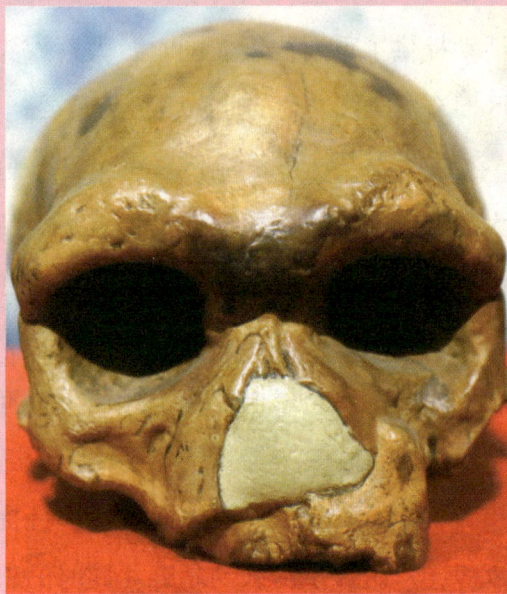

历史上人类由蓝田人向丁村人过渡的空白，为研究汾渭谷地早期人类活动提供了重要线索。同时，大荔人头骨化石对于了解和确定陕西地区旧石器时代文化的性质也极为重要。

在大荔县，广泛流传着一个"八鱼村"的神话故事，也许可以为大荔人的起源找到根据。传说玉皇大帝有 8 个女儿，她们久居天宫，十分羡慕人间的乐趣。

有一天，八姐妹瞒着玉皇大帝，偷偷下凡来到人间，发现一片大湖，碧波荡漾，岸柳青青。柳荫下，渔家姑娘飞梭织网，渔夫驾着叶叶扁舟忙着捕鱼。湖中岸边还不时传出一阵阵欢歌笑语。

姐妹们陶醉了，但她们又不能打扰百姓，便怅然离去。待到更深夜静，八姐妹重新来到湖畔。此时的景色更加迷人。八姐妹玩到高兴处，下水洗澡，尽情嬉戏，直到天将破晓，才返回天宫。自此，八姐妹每晚都要偷偷地下到凡间，在此洗浴。

时间一长，被玉帝察觉。玉帝大怒，他一面将八姐妹禁闭，一面带领天兵天将下凡察看。哪知玉帝来到那片大湖，同样也被迷醉。又一看，人们虽安居乐业，却不见一座庙宇，没人供奉自己，便恼羞成怒，立即让天兵天将把湖水弄干，才率众返回天宫。

于是，此地便成了一片沙滩，渔民也弃渔从农，维持生计。不料紧接着3年大旱，颗粒不收，人们无法生存，只得关门闭户，离乡背井，另寻活路。

再说，八姐妹在天上终于获释，但她们仍念念不忘人间美景。一日，趁玉帝举行蟠桃会宴请各路神仙之际，再次偷偷下凡。然而，映入她们眼帘的却是土地龟裂，白骨累累，一片荒凉，惨不忍睹。

八姐妹当即唤出土地神问询，知道真相后，她们十分怨恨父亲，

更同情老百姓的疾苦，顿起恻隐之心，于是就挖井淘水，解救黎民。

她们挖啊挖啊，也不知干了多少个白天黑夜，眼看就要出水了，不料又被玉皇大帝知道了，他立即调集天兵天将下凡捉拿她们。

井还没有挖成，八姐妹不甘心这样束手就擒，就一边和天兵天将拼斗，一边加紧挖井。功夫不负苦心人，清湛湛、甜滋滋的泉水终于喷涌而出，很快溢满了大小池塘，流进干枯的田野。

可是她们也已筋疲力尽，终被天兵天将捉拿到天上。这次，玉皇大帝没再关她们禁闭，却罚她们为天宫挖井。但那井永远也不会挖出水来，八姐妹也只好永远挖下去。

据说，每到天气晴朗、繁星点点的夜晚，人们仰首可见天上有7个星星组成的圆井形星群，中间还有一颗不太亮的星星，那就是受玉皇大帝惩罚在天上挖井的8个女儿。中间的那颗星星是8个女儿在轮流劳作，由于井已挖得很深很深，所以圆圈里面的星星就看不太清楚。

自从8个仙女挖下了井后，四面八方逃荒的人又纷纷回到家乡。为了让子孙后代对八位仙女的功德铭记在心，人们从华山上运回一块大石，雕凿成碑，刻上"八女井"3个大字，立在井旁。

后来村庄越来越大，人口也越来越多，人们就给村庄起了个名叫"八女井村"，以后为图简便，叫成了"八女村"。再经过世代相传，把读音读转了，用谐音叫"八鱼村"。但八位仙女挖井取水、造福人民的传说一直流传了下来。也许，这些怀念八位仙女的远古的村民们就是大荔人也说不定。

大荔人总的特点是粗壮、厚实、骨壁较厚。经过研究分析，大荔人化石为一不足30岁的男性头骨，基本保存完好，但没有下颌骨和牙齿。脑颅的右侧后上部及左侧颧弓缺损，硬腭及齿槽受压挤而向上移位，使颜面下部变形。

大荔人头长207毫米，头宽经复原后测量为149毫米，重450克。头

顶相当低矮，前额扁平由大孔前缘点到前囟点间距为118毫米，与头长形成的长高指数为57，比早期智人低，比北京猿人也低。

大荔人眉嵴粗壮，其中央部左侧厚度为20毫米，右侧厚度为18毫米，甚至超过周口店的北京人。

大荔人眉嵴上方有一条横沟，骨壁很厚，其两侧眉脊的方向由前内侧向后外侧延伸，两侧眉脊合成八字形，与北京人不同，却与时代较晚的马坝人、昂栋人及其他早期智人相似。这些表现出直立人的原始性。

但大荔人吻部不甚前突，颧弓细弱，颅骨最宽处不接近颅底，头骨最宽处在颞鳞部后上部颞鳞上缘呈圆弧形；右侧颞骨被破坏，鳞部呈圆鳞状，这些都是智人的进步特征。

另外，"大荔人"的脑量比北京人的平均值稍大。这些特征表明它介于猿人和智人之间。大荔人头骨颞鳞部与乳突部之间有一很深的切迹，其陷入的程度与现代人相近。外耳门垂直径大于横径，属垂直型。在外耳门上方，也有耳门顶盖。

大荔人面骨相对较小，但颧弓根方向较倾斜，颧弓位于眼耳平面下方。上颌骨前面主要朝前方，在上颌骨与颧骨交接处突然转折向后外侧，这整个轮廓线与北京人很相似，也是与现代黄种人一致的。

总的来说，大荔人体质特征介于直立人和早期智人之间。头骨面部的一些特点与现代黄种人比较接近，而与欧洲及西亚的早期智人相距较远，所以他代表了早期智人的一个新的亚种即智人大荔亚种。

与大荔人伴生的大量动物化石包括古菱齿象、犀、马、肿骨鹿、斑鹿、野猪、野牛、河狸、普氏羚羊、鼢鼠等哺乳动物化石，鸵鸟化石，鲤、鲶等鱼类化石，蚌、螺等软体动物化石。

其中最有意义的是肿骨鹿，它是北京人洞中的代表性动物之一。它表明大荔人的时代与北京人接近。古菱齿象和马牙齿的形态表明其时代在更新世中期和晚期之间。

在大荔人头骨化石出土地点发现的植物孢粉不多，有蒿、菊、藜等草本植物，松、柏、云杉等针叶树种，而没有发现阔叶树种。

综合对动植物化石进行判断，当时那里的气候是温和的，可能有些干燥。在大荔人头骨化石出土地点，还发现了数百件石制品，大多数是石片和石核。石制品较小，原料多为采自当地沙砾层中的石英岩和燧石。打片方法以锤击法为主，偶尔用砸击法。

用锤击法生产石片后留下来的石核，一般较厚，形制不规整，多石核厚度大，表明其利用率不高。石片多不甚规整，表明了打制技术的原始性。

大荔人的工具主要是石片石器，用石块、小砾石和石核做的也占一定的比例。石器以刮削器为主，尤以凹刃刮削器数量为多。其次是尖状器，还有少量的雕刻器和石锥，但未发现盘状刮削器、砍斫器和石球。大荔人的石器在类型和修理方法上与北京人文化有许多相似之处，这表明二者关系密切。

"大荔人"的发现，得到了许多我国过去在古人类学上难以得到的形态细节，填补了我国古人类研究的一大空白，其完整性为我国罕见、世界少有，对研究我国古人类演化很有价值。

知识点滴

陕西省大荔县段家乡解放村原名王家村，1978年，陕西省水利局刘顺堂在该村甜水沟东崖洛河三级阶地的砾石层中，发现了一个较完整的古人类头骨化石。经国家古人类学者多方考证，确定其为早期智人中的较早类型，时代为中更新世末期，具体时间约在20万年左右。专家为其命名为"大荔人"。

1978年至1984年，中国科学院古脊椎动物与古人类研究所、西安半坡博物馆、西北大学历史系考古班及大荔县文化馆又在此进行了两次发掘和野外调查，发现了大量石器和兽骨化石。

目前，有关单位还正在对"大荔人"作进一步的研究。"大荔人"遗址现属县级重点文物保护单位。

弥补古人类断代窗的丁村人

"丁村人"是发现于我国山西襄汾县的早期智人牙齿、头骨化石，位置在襄汾县南，汾河东岸的沙砾层中，这层沙砾位于有古土壤条带的黄土内。经研究认定，该处的化石距今7万年至9万年，属于晚更新世早期的旧石器时代遗存。

"丁村人"介于北京周口店猿人和山顶洞人之间，正好弥补了这23万年到1.3万年间的我国古人类断代窗。

丁村人化石中的3枚牙齿，其中右上内侧门齿齿冠舌侧中部低陷，两侧增厚并向内卷，使舌侧牙齿呈铲状，特称铲形门齿。

铲形门齿是黄种人和我国其他人类化石都具有的特征，与白种人显然不同。舌侧接近齿根的部分有明显的舌侧隆突，由此延向切缘有两条指状突。其舌侧隆突和指状突的发达程度介于北京猿人与现代黄种人之间。

那枚右上外侧门齿也呈铲形，并有不明显分离的舌侧隆突。齿根缺乏纵行浅沟，且较为细小，这是与现代人相近的性质。另一枚右下第二臼齿可能与两个门齿属于同一个体。齿尖分布为十字形。其相对高度比北京猿人大，但齿冠和齿根细小及咬合面纹理较不复杂又显然比北京猿人的牙齿进步。

总之，3枚牙齿的形态都介于北京猿人与现代人之间，但显然这3枚牙齿是中国人的牙齿。

另外还有一块古人类化石，那是一块小孩儿的右顶骨化石。顶骨骨壁比北京猿人的小孩顶骨薄。顶骨属于大约两岁的幼儿，后上角有缺刻，可能意味着这个小孩具有印加骨，这是与北京猿人相近的特征。汾河西岸，东侧临近汾河岸边的二级阶地底砾层中，存在有石制

品。经过对标本的研究对比，表明该地点是一处属于旧石器时代晚期的典型细石器遗址。

同时，在汾河三级阶地中的中更新世红色土及砾石层中，陆续发现了白马西沟、解村沟、塌河崖、上庄沟等含有石制品的地点，经过不同程度的试掘与采集，证明他们是属于旧石器时代早期晚段的石器文化遗存。

丁村人的石器分布在汾河两岸，主要用角页岩制成。一般石片角都较大，打击点不集中，半锥体很大，且常双生，也有小而长的石片。石器中第二步加工的不多，加工方法用碰砧法或用锤击法。

丁村人石器一般都较大，代表性石器为大棱角尖状器和石球。大棱尖状器有3面和3缘，横断面近似等边三角形，可能作挖掘植物根茎之用。

石球制作颇为粗糙，被认为可能供投掷之用，是狩猎工具流星索。厚三棱尖状器可能是掘土工具。三棱大尖状器和鹤嘴形厚尖状器

特色鲜明，个体均厚重，代表了我国华北地区旧石器文化的另一个传统"河套—丁村系"。丁村人的石器加工更细，在技术上比北京猿人有显著的提高，应属古人类阶段。丁村文化扩充了丁村人生活的时间，上承北京猿人，下启山顶洞人，将这漫长的时间填充得滴水不漏。

在遗址内同一地层中还发现了不少与"丁村人"共生的动物化石，有古菱齿象、纳玛象、披毛犀、野马、野驴、斑鹿、转角羚羊、野猪、水牛、原始牛、熊、獾、狼、狐、貉、河狸、短耳兔、鲤鱼、青鱼、鲩鱼、厚壳蚌等。距今5万年至10万年。

在丁村各地点共发现哺乳动物化石28种，大部分为生活在森林和山林之中的种类，代表温暖湿润的气候。从沙砾层中还采集到鲤、青鱼、鲩、鳡、鲇等鱼类化石，皆属于在能经常保持一定大流量的水中生活的种类。在沙砾层中还有大量软体动物介壳化石，其中最引人注目的是一种大型丽蚌壳，这种动物现在只分布在气候温暖湿润的长江以南地区和汉水流域。

从这些实物推测："丁村人"生活的时代，气候温和，附近山上森林茂密，汾河河床高于现在，水势相当大。两岸松杉蔽日，岸边平地上蒿草野菊丛生，并有鹿、大象、犀牛、野马、野驴出没。

汾河中河蚌和鲇鱼、青鱼、鲤鱼等水生动物甚多。丁村人即在这样的环境中生活在汾河两岸，在河滩上就地取材制作石器，利用石球等工具狩猎野兽，在树林里采集可供食用的野味野果，生息繁衍。

丁村人遗址不是仅限于汾河东岸单一的中期文化的11个地点，而是扩及汾河两岸，地点多达30多个的大型旧石器时代文化遗址群。丁村人的年代也不是以前所说的十多万年，而是从几十万年前就开始，一直承袭流传至新石器时期。这种情况在我国也是不多见的。

知识点滴

1953年，建筑工人在山西襄汾县丁村同蒲铁路施工现场发现了石器和脊椎动物化石。

1954年，由中国科学院古脊椎动物研究室、山西省文管会各派人员组成发掘队，经过两个月的普查与发掘，共发现含有旧石器的地点11个，并对其中9个地点进行了不同程度的发掘，对其他地点作了调查与采集。

1975年夏季，丁村人牙化石发现地点受到洪水冲击。为了避免洪水冲刷造成文物流失，经呈请国家文物局批准，1976年，由山西省文管会、临汾地区文化部门并邀请中科院古脊椎动物与古人类研究所吴新智参加指导，组成考古发掘队，对遗址进行了抢险发掘，除了获得更多的考古资料以外，可喜的是又发现了一块古人类化石，那是一块小孩儿的右顶骨化石。

北方最早远古人类西侯度人

　　"西侯度人"是在我国山西省芮城县西侯度村发现的古人类，其生产、活动遗址也是我国早期猿人阶段文化遗存的典型代表之一。同时发现有许多哺乳动物化石和带有切痕的鹿角以及一些表面呈深灰色的哺乳动物肋骨和马牙的烧骨，测定其地层年代为距今180万年前。

　　西侯度人类文化遗址是我国北方发现最早的人类文化遗存，早于元谋猿人约10

万年。尤其是烧骨的惊世发现，说明人类在这里学会取火，开始熟食，从而减少了对大自然的依赖，促进体质上的进步和健康。据说，世界上其他国家还没有发现如此古老的烧骨。

西侯度村位于黄河东岸、"鸡鸣三省"的风陵渡附近，漫长的旧石器时代，西侯度"猿人"已经告别了茹毛饮血的生食状态，这是人类进化非常重要的一大步。

人类文化遗物主要是石制品和带有切痕的鹿角。动物化石有巨河狸、鲤、山西轴鹿、粗面轴鹿、粗壮丽牛、山西披毛犀、三门马、古中国野牛、晋南麋鹿、步氏羚羊、李氏野猪、纳玛象等。石制品出土数量不多，主要以石英岩为原料，种类有石核、石片、刮削器、砍斫器、三棱大尖状器。

另外在西侯度遗址文化层中还发现一批特殊的化石标本，颜色有黑、灰和灰绿几种，大多是哺乳动物的肋骨、鹿角及马的牙齿。化验结果表明，其中大部分标本是用火烧过的。

北京人用火是人们熟知的，但人类用火的历史并不是从北京人开始的。西侯度这批烧骨材料的发现把人类用火的历史推到距今一百多万年前。这是目前我国最早的人类用火证据。石器和有切割痕迹的鹿角以及烧骨的发现，证明在180万年前，这里就有人类活动。

遥想180万年前，西侯度人在此采集、渔猎。他们打制的刮削器、砍斫器等已具备了人类制造石器的成分，遗址中带切痕的鹿角和动物烧骨的发现，昭示出他们已将"火神"征服在脚下，显露出"万物之灵"的神韵。人类用火或许早于180万年前，也可能还有没被发现的。

西侯度文化石器的特点主要是用石片加工，属于石片技术传统，同欧洲石核技术传统存在着根本差异。在加工石器中，以向器身单面加工为主。发现鹿角化石，在靠近角节主枝的后外侧，有一个与主枝斜交的沟槽，横断面呈"V"形，应是人工用器物切割或砍斫出来的。

180万年前后，西侯度位于黄河岸边或与黄河有关的湖泊边，黄河比现在高出许多，现西侯度距黄河直线距离也仅仅十多华里，黄河低于该处几十米。

几百万年前，晋秦两地被窄窄的但河谷较深的黄河相隔，几百万年过去了，黄河不断倒岸，把疏松的黄土高原冲刷出一条宽深的河谷，同时，黄河与黄土高原塑造了华北平原。

由此可知，那时西侯度一带应为疏林草原环境。西侯度的遗物虽然埋藏在河流沉积的砂层中，但来源不会太远，可以说明当时人们是沿河岸地带活动的。

遗址出土有鱼类和巨河狸的化石，证明当时这里有较广的水域。根据鲤鳃盖骨的化石判断，这里的鲤超过半米，因此，西侯度附近当时应有广而深的稳定水域。

黄河两岸秦晋的黄土高原，以前是一个相同的整体，仅因黄河这个细细的河水不断冲刷而形成宽深的河谷所阻隔。今天这又宽又深的河谷正是这奔腾不息的黄河所致。西侯度的河鱼化石也正说明了这些。同时这也佐证了黄河地区是人类重要的文明起源地。

大量石器和动物化石以及烧骨遍及周围大片区域，这充分说明，远古时期西侯度一带的人已经接触到烧死的动物，认识到火的作用，人类已进入熟食阶段。西侯度石制品虽然受到河流搬运埋藏的影响，但人类行为及其特征毋庸置疑。

1959年10月，著名考古学家王建听说西侯度村有人发现"龙骨"，他便到附近的山头转悠，观察附近环境。

一天，他在西侯度村后的山脚下看化石时，累了坐下来歇脚，随手抓起一把沙土碎石在手中把玩。突然，一块石头令他大吃一惊，这不是一块普通的石头，而是一件早更新世轴鹿角化石。他当即将情况向国家考古部门进行汇报。

1961年，王建同一些考古工作者对西侯度遗址进行第一次发掘。

1962年，又进行第二次发掘，前后两次发掘都取得了很大的进展，出土了一批人类文化遗物和脊椎动物化石。

知识点滴

"北京人"的后裔许家窑人

　　"许家窑人"是我国的早期智人化石，发现于山西阳高县和河北阳原县交界的许家窑村附近而得名。距今10万年。许家窑人化石有头骨碎片、上颌骨和牙齿约20件。

许家窑人化石头骨骨壁的厚度、牙齿粗大和嚼面复杂的程度都像北京人。但更多的特征与早期智人相同。脑量估计比北京人大。许家窑人的发现，弥补了从"北京人"到"峙峪人"之间的空白，有很高的价值。

阳原县位于河北省西北部，地处黄土高原、内蒙古高原与华北平原的过渡地带，阴山余脉与恒山余脉复合处。境内南北环山，桑干河自西向东横贯全境，呈两山夹一川的狭长盆地。

这个地方属东亚大陆性季风气候中温带亚干旱区，春、夏、秋、冬四季分明。春季干旱少雨，风沙多，升温快，气温日差较大。夏季炎热而短促，多雷雨天气，冬季漫长且寒冷干燥。在这种气候下，我们的祖先许家窑人在这里生存繁衍。

由于当地北靠内蒙古高原，常受高压控制，东南面有恒山、太行山阻挡，因此很少发生台风等灾害。

据考证，"许家窑人"是"北京人"的后裔，在10万年前迁徙西行，遇"大同湖"阻隔，遂在此定居。

许家窑人类化石共17件，包括顶骨11块，其中2块是较完整的左、右侧顶骨，枕骨2块，小孩左上颌1件，右侧下颌枝1块，牙齿2枚。还有约2万块的石片和石器以及大量的骨器，另外还有哺乳动物化石。

许家窑人头骨骨壁甚厚，顶骨弯曲度在横向上比北京人小，但比现代人大。枕骨圆枕没有北京人宽而突出，更接近于欧洲尼人，枕骨曲度角大于北京人，大脑窝比小脑窝大，但又没有北京人明显。颌骨鼻前棘清楚，颌骨的侧面膨胀，腭很低，上颌联合面很宽，上内侧门齿呈铲形。下颌枝低而宽。

许家窑人生活在距今10万年至6万年前，属于地质时代中更新世末或晚更新世初。20多块化石分别属于10个不同的人类个体。他们总体上已经属于早期智人，并且已经能制造更进步的石器和骨器。

许家窑遗址的石器多达1.4万多件，大都是细小的，以石英和燧石为主要原料。类型较多，有些石器精巧复杂，是细石器的母型，小型刮削器占绝大多数，很明显是从旧石器时代早期的北京人文化发展而来的。用厚石片加工成的龟背形状的刮削器、细小石器和石球，成了许家窑文化的象征。

石核有原始棱柱状石核，是从打制的台面周围的边缘上打击石片，只有少数利用了自然台面；盘状石核是从砾石或石块的周围边缘向两面交互打击。

石片的打制方法有利用自然平面打击石片，打击台面的石片，利用台面凸棱打击石片，垂直砸击的两极石片、修理台面的石片。石器有刮削器、尖状器、雕刻器和小型单面砍砸器。此遗址的显著特色是石球甚多。

许家窑遗址中发现了数以吨计的动物骨骸，却没有见一具完整的动物遗体。看来，成了智人的许家窑人已经具有了更大的战斗力，野兽们都成了他们的口中食和身上衣了。

可以想见，遥远时期的大同湖，湖水又深又清，四面环山，丛林繁茂，各种各样的动物时常出没在湖边的草原地带，在天然的动物园

之中，有罕见的三趾马、狰狞的披毛犀、凶猛的虎豹、温顺的转角羊、斯文老练的纳马象等，动物化石印证了这一切。

这便是古人类生活的地方，是茂密的森林给了古人类以栖息的温床，洁净的湖水，许家窑以及周边台地，就是人类生存的沃土。

由于地壳的变动，存在了数百万年的大同湖，于数万年前湖水渐退消失了，留下了横贯东西的桑干河水。大同湖的消失客观上为人类发展提供了走向平川的物质条件。

许家窑遗址是我国旧石器时代中期古人类化石、动物化石、文化遗物十分丰富和规模巨大的遗址之一。许家窑文化将早期的我国猿人文化和晚期的峙峪文化连接起来，充当了过渡的桥梁，使人类进化与文化渊源的探索得以完整。

知识点滴

1974年，来雁北考古的中科院古脊椎动物与古人类研究所贾兰坡教授等，由在于药材收购站看到一块象牙化石，追踪调查至和河北交界的山西阳高县古城公社许家窑。

1976年至1977年，对许家窑村东南1千米处的梨益沟西岸的断崖进行发掘，文化遗物和动物化石集中埋藏在离地表3米左右的黄绿色黏土层中。

1976年，国务院批准建立"许家窑人"遗址，位于古城镇许家窑村东南1.5千米处，南北长600米，东西宽200米。1996年由山西省申报被列为第四批全国重点文物保护单位。

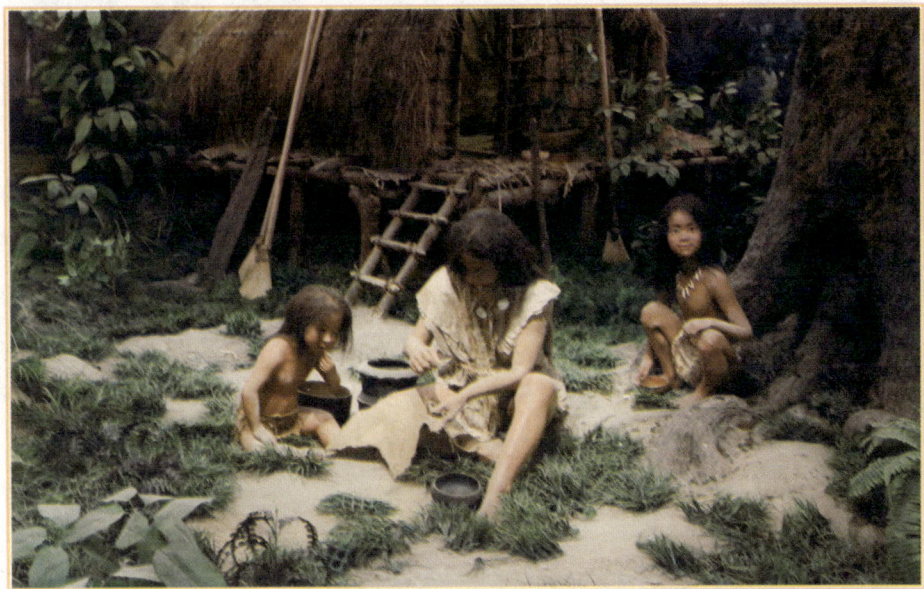

东部猿人

  我国的东部地区幅员辽阔，靠近漫长的海岸线，包括上海市、江苏省、浙江省、安徽省、福建省、江西省、山东省以及宝岛台湾。面向大海给了当地文明发展的最好契机，也保留了众多的古人类遗存。

  其中包括江苏下草湾人、安徽和县人、山东沂源人、江苏南京人和台湾左镇人等。每揭开一处古人类文明遗址，都是我们的远祖从几十万年前向我们发出的真情呼唤……

打破南方天荒的下草湾人

　　江苏"下草湾人"也称"下草湾新人"。是在我国江苏省泗洪县双沟镇东南处发现的一段股骨化石，为更新世晚期人类的化石，距今4万至5万年。下草湾人股骨化石的发现，打破了"南方更新世晚期地层

中无原始人类踪迹可寻"的论说，证明下草湾是江苏人类乃至我国人类祖先的发源地之一。

历史上泗洪县水患一直不断，传说古时候，由于一个下草湾的年轻后生路过洪泽湖，与湖中水母娘娘相遇。水母娘娘很爱他才学出众，长得英俊，便向他求婚，但他执意不从。水母娘娘一气之下，便借来东海水淹了泗洪。

泗洪县双沟镇早在宋时形成集市，因面临淮河得名顺河集，又名水集，后因东西两侧各有一条流水大沟而得名双沟。

下草湾位于泗洪县双沟镇东南，南临淮河，北滨洪泽湖，是河湖间的岗岭地带。由于滨湖湾，且有广泛的水草资源，故称"下草湾"。

历史上因洪水泛滥，双沟小镇东西两侧被洪水冲刷成了两道大

沟，明代人称双溪镇。因溪即沟，泗州州守王如玖改双溪镇为双沟镇。

传说很久很久以前，双沟、四河、峰山地域都是黄淮海湾地区，由于地势低洼，加之在历史上连续有600多年的洪水灾害，万千良田被洪水吞于一旦，人民食不果腹，衣不遮体，苦不堪言。

这时，在盱眙山随张天师学艺的二郎神于心难忍，抓起方天画戟，挑起一座山峰，命哮天犬引路，脚踏洪浪奔到泗洪地域，放到洪浪之前，封挡住了洪水，于是就形成了下草湾附近的岗陵地带。

含有古脊椎动物化石的下草湾土层的地质结构为湖相沉积区，其岩性特征为灰绿色与紫红、褐色泥浆，并普遍含有高岭土矿物，因此，下草湾地层被称为"下草湾高岭土地层"，这一地层是地质年代中新世的典型地层。

淮洪新河东岸发现一段人类化石，经鉴定为右侧股骨化石，化石为股骨的上半段，小转子基部以上已经完全缺损。从形态上看，有股骨结存在。骨表面布满长尾纤孔，确定为人类的股骨。

从其石化的程度计算，以及从海绵骨质的空隙中填土来判断，确定为相当早人类化石。经测定，说明这段骨化石的年代较现代人早，比巨河狸晚。

这段股骨侧面直平，同北京猿人股骨相似，不同于现代人股骨向前弯曲。股骨上部的扁平度介于北京人与现代人之间，而与尼安德特人相近。股骨下端骨壁的厚度和髓腔大小的比例，远比北京猿人小。

在下草湾东南的火石岭，有与下草湾新人同时期的旧石器遗址，发现了刮削器、尖状器等石器。这说明，这段股骨为更新世晚期人类的化石。

所谓"新人"的分类，是根据我国旧石器时代的地质年代来划分的，旧石器时代晚期的人称"新人"。下草湾人是住在濉水的高陵地带，环境决定了他们的生活文化层不容易保存。不像同一时期的山顶洞人，由于住在山洞中，环境比较干燥，所以比较好地保存了当时的生活形态，考古挖出来不少他们当时的石质工具。

下草湾有一个像小岛的地带。传说洪泽湖古时候通大海，一个乌贼精在这里作祟，把这里的沙子都拱起来形成的。

也有人说，很久很久以前，东海有一条黑龙偷食了龙王敖广的黑

珠，犯下天条，被玉帝派天兵天将追杀，于是逃到下草湾，钻进湖底藏身，这条黑龙在湖底翻了个身，拱起一片沙滩，就形成了这个小岛。

下草湾一带不仅有古人类活动的遗迹，还有相当丰富的动物化石，如中国大河狸、纳玛象、剑齿象、四不像、无角犀、原始牛及众多的淡水动物化石。

这些动物和蚌类都是下草湾人不可缺少的食物资源。从这些动物化石来看，5万年前的下草湾环境非常好。那时候气候应该很温润，有茂密的森林、成群的动物和踽踽独行的我们人类的祖先"下草湾人"。

知识点滴

1954年治理淮河时，中国科学院古脊椎动物与古人类研究所所长、地质学家、古生物学家杨钟健教授来到下草湾水利工地考察古生物，发现巨河狸及其他一些古脊椎动物化石。

杨钟健教授在考察巨河狸和其他古脊椎动物时，于淮洪新河东岸，采集到一段人类化石，经鉴定为右侧股骨化石。后这段股骨化石又经著名古生物学家吴汝康、贾兰坡两位教授研究，他们认为这段股骨同北京猿人股骨相似，不同于现代人股骨。介于北京人与现代人之间，而与尼安德特人相近。

山东旧石器时代人类沂源猿人

我国山东省沂源县历史悠久，早在四五十万年前与"北京猿人"同期的"沂源猿人"就在这里繁衍生息，是山东人的远祖。

沂源猿人化石发现于沂源县土门镇九会村，其中猿人头盖骨化石两块，眉骨两块，牙齿8颗、肱骨、股骨、肋骨各一段及伴生动物骨骼化石10余种。

经鉴定，这些化石确系旧石器时代的猿人遗骸，并且属于两个猿人以上的个体出土的古人类化石，与"北京猿人"处于同一时代。

沂源地处我国山东省中腹部，是全省平均海拔最高的县，素有"山东屋脊"之称，是泱泱八百里沂河的发源地。其境内

低山连绵，河流纵横。

沂源境内有个"九天洞"，此洞之所以称为"九天"，是因为神话传说中天有九层，即九天，而这个洞也有九个洞厅，景观可与神话中的天宫相媲美，所以叫九天洞。

沂源山清水秀，属暖温带半湿润大陆性季风气候，植被好，气候较湿润。土门镇背山面水，环境优美。一个有山有水的所在，往往是有灵性的地方。当地的地理环境和气候条件特别适合人类生存。

在地质地貌上，沂源也的确有其得天独厚的条件。鲁中灰岩低山丘陵处山势和缓，河谷切割不深，地面起伏不大。在此范围内，至少有洞穴上百个，其数量之多，国内罕见，被命名为"北方溶洞之乡"。

而在远古时期，沂源的气候要比现在更温暖湿润得多，当时沂源一带的年平均气温比现在要高，趋于北亚热带气候的植被茂盛，动物繁衍，非常适合远古人类生活。这些优势条件都说明，这里曾是古人类生存和繁衍的摇篮。

古老的沂河历史悠久，广泛流传着古代的神话，或许传说中的沂花姑娘就是古代的沂源人。

相传沂蒙山的沂花，做了观音的使女。沂花跟观音菩萨来到南海，照样思念家乡和爹娘。这一天，观音去赴蟠桃会，让沂花捧着玉净瓶，跟她一起驾着祥云去了。当她们来到沂蒙山区上空时，沂花偷偷地看家乡，只见到处是焦山秃岭，看不到一点青绿颜色，就连乡亲们吃水的井都干了，不知爹娘和乡亲们怎么过日子。

沂花看得眼泪汪汪，趁观音不留意，偷偷用杨柳枝儿蘸着玉净瓶里的神水往下面洒了几洒，霎时间沂蒙山里喜降大雨，山山岭岭百花盛开，万木葱茏……

沂花看到这般光景，心里乐得开了花。抬头一看，观音菩萨早已走远，沂花急忙赶上去。来到南天门外，观音要过玉净瓶，令沂花站在南天门外边等候，自个儿到瑶池仙宫喝仙酒、吃蟠桃去了。

这一来沂花可就有了机会，她趁着把守南天门的天兵天将不在意，驾起祥云跑回了沂蒙山。

观音菩萨赴蟠桃会出来，找遍了天宫就是不见沂花的影子。这时候，千里眼把沂蒙山区降雨的事奏明了玉皇大帝，玉帝查问是谁降的雨，观音菩萨掐指一算，原来是沂花偷降了大雨，又跑回了老家！菩萨大怒，招来善财童子一起去捉拿沂花。

沂花回到人间，见了爹娘和乡亲，正哭诉着离别后的光景。忽听观音要把她拿回天宫问罪，乡亲们说："孩子，你豁上性命救了这一

方生灵，俺们说啥也不能让你回天上去受罪，快藏起来。"乡亲们将沂花藏进一个山洞里。

善财童子在天上喊破嗓子也不见沂花出来，观音菩萨无奈地说："下界的人听着：一时三刻不交出沂花，我就让善财童子喷出神火，把沂蒙山烧成一片焦土！"

沂花在山洞里听到这话，心想我不能连累父老乡亲，于是跑了出来。观音按落云头，指着沂花说："好个丫头，你已犯下弥天大罪，快随我上天庭领罪去吧！"

沂花说："观音菩萨，任杀任剐由您，沂花至死也不离开爹娘和众乡亲！"观音催了半天，沂花就是不动，不由得生气地说："好吧，你既然有这般志气，我就发发慈悲成全你！"说完用手一点，沂花立时化成了一条小河。观音长叹了一声，带着善财童子驾云回南海去了。

聪明伶俐、救苦救难的沂花被菩萨点化成了一条小河，乡亲们心疼得一起大放悲声，这哭声惊天动地，流下的泪水把那条小河冲成了大河。河水像沂花留恋家乡一样，缠山绕岭流过沂蒙山区，汇进了大海。

人们看着河水，思念着沂花，就把这条大河叫"沂河"了。沂源人世世代代生活在这

里，于是留下了许多古人类的化石。

沂源人化石发现于土门镇九会村骑子鞍山东山根、下崖洞南处，在一个很小的连洞穴都算不上的浅洞，面积不大，但是，就在如此小的地方却存有许多动物化石碎片。

尤其是其中一件瓢形的人类头骨化石，头骨内壁的脑动脉切沟依稀可辨，尽管不完整，但仍可以确认这是一件珍贵的人类头骨化石。

另外还有直立人牙齿7枚和大量的哺乳动物化石。经鉴定，确实是旧石器时代的猿人化石，与举世闻名的"北京猿人"处于同一时代，是所发现的最早的山东古代人类化石。

不过，沂源猿人头骨化石发现地点并非他们生活的地方，其遗物好像是发生泥石流之后从别处冲积而来，但其生活地肯定离化石发现地不远，遗憾的是，因为一些暂时无法解决的原因，一直未能发现。

另外，在沂源县张家坡镇北桃花坪村扁扁洞里，发现顶骨、枕

骨、牙齿等古人类化石和石斧、陶器及粮食加工工具磨盘、磨棒等石器，该遗址完整保存了厚厚的三层文化堆积，其中一个文化层保留了大量人类活动的迹象，有灶面、火的烧结面、灰坑、活动面。

"沂源猿人"化石的发现，填补了我国古人类生活遗迹地理分布的空白，并为研究古地理、气候、人类进化和史前文化，提供了弥足珍贵的资料。

知识点滴

1981年，沂源县文物普查小组在该县的土门乡进行文物普查时，当地驻军战士提供线索称，在一个崖洞里有一些好像化石的东西。

文物工作人员马上赶到现场，果然发现了一些残破的哺乳动物的肢骨化石和更多的化石碎片。突然，旁边的一个战士说，他们在施工中曾挖出有点像人的一块骨头，但后来不知道埋到哪里去了。

文物普查小组来到沂源县土门乡芝芳村骑子鞍山东侧崖下。一件碗口粗的化石被挖了出来。他们仔细剔剥着中间的红色填充物，慢慢地，一件瓢形的化石暴露在眼前。经过几个小时细致的清理，头骨内壁的脑动脉切沟依稀可辨，可以确认这是一件珍贵的人类头骨化石。

经北京大学考古系教授吕遵谔鉴定确认，这是一块难得的古人类头骨化石。

和县完整的猿人头盖骨化石

　　"和县猿人"是在我国安徽和县西北善厚镇陶店汪家山北坡龙潭洞发现的直立人化石之一，包括一个我国唯一保存完好的猿人头盖骨化石、两块头骨碎片，一块破碎的下颌骨和9枚零星的牙齿。

　　与和县猿人共生的哺乳动物化石达40多种，其中有华南大熊猫—剑齿象动物群中的许多典型代表。

　　和县猿人的发现，填补了安徽省旧石器时代的空白，尤其完整的头盖骨化石的发现更是举世瞩目。

　　龙潭洞洞穴古老，泉溪清澈，大旱不干涸，故名"龙潭洞"。和县猿人生活时期的古气候为亚热带气候，山上有茂密的森林，山下北面有滁河，河两岸为宽阔的旷野，有大片的草原和湖沼。当时，这里生活有大量的古脊椎动物。

　　在260万年前，由于新构造运动，大气环流发生变化，西北冬季风逐渐增强，全球变冷，冰川发育，并伴随多次气候冷暖波动，以秦岭为界的南北气候格局基本形成。

　　至此，秦岭以北的广阔地域便在西北季风的控制之下，形成了干旱的气候，累积了厚厚的黄土。这样的生态环境是不适宜远古人类生

息的。

而在秦岭以南，由于处在东南和西南季风控制之下，气候湿润，植被繁茂。不言而喻，这样的生态环境才是远古人类生息的理想家园。人类群体中，最先进入这片沃土的，当然是能够直立行走、能够制造工具的远古先民。

龙潭洞中的一具猿人头盖骨化石包括4颗猿人上臼齿化石，一段左下颌骨化石。这件罕见的完整头盖骨化石堪称举世瞩目的珍宝。这是我国继北京周口店和陕西蓝田之后第三个发现的猿人头盖骨化石。

龙潭洞中还存有密集且种类繁多的动物化石，有哺乳类、鸟类和爬行类等。另外还有一部分粗陋的骨器和火烧骨片、灰烬等。

据推断，"和县猿人"头盖骨化石为一个20岁左右男性青年，属

新生代第四纪中更新世地质时代，距今三四十万年。

和县猿人头骨具有许多与北京猿人相似的特征。例如颅穹窿低，颅最大宽位于两侧外耳门附近，额骨扁平和明显向后倾斜，具有矢状脊，眉脊和枕脊均发达，颅骨很厚，枕骨枕平面与项平面交界呈明显角状转折。颅骨的多项测量也和北京猿人近似。脑量约为1025毫升。

此外，和县猿人头骨又显示出若干较为进步的特征，例如眶后缩窄不如北京猿人那样明显；颞鳞高，且其顶缘呈弓形隆起。

根据以上初步描述，和县猿人的系统位置可视为与北京猿人的晚期代表相当。

和县猿人化石伴生的脊椎动物化石约50余种。爬行类有龟、鳖、扬子鳄等；鸟类有马鸡；哺乳类有田鼠、大鼠、硕猕猴、狼、貂、狐、猪獾、水獭、中国鬣狗、剑齿虎、中华猫、豹、大熊猫、棕熊、东方剑齿象、马、中国貘、额鼻角犀、李氏野猪、葛氏斑鹿、肿骨鹿、麋、野牛等。和县动物群是南、北型动物互相混合的过渡类型。

和县猿人的地质时代属于更新世中期，与北京猿人化石产地第三至四层的时代相当。

和县猿人的知名度虽然不高，但是标本却相当完好。就同时期的人类化石来说，其完整性只有北京猿人可以与之相比。

和县猿人及其动物群的重大发现，对于研究人类起源和发展，南北早期人类在演化上的差异、关系、位置、特性，长江流域的发育史，对于研究第四纪动物的迁徙、古地理和古气候的演变都有十分重要的价值，也为中华民族文化渊源提供了极其珍贵和重要的依据。

在此之前，普遍认为黄河流域是中华民族文明的唯一摇篮。和县猿人的发现，证实早在新生代第四纪更新世中期，也就是距今30万年至40万年前，那里就有人类生存活动，说明了长江流域与黄河流域都是中华民族文明的摇篮。

知识点滴

1979年春，安徽省水文队在进行地质普查时，采集了一些化石，并致信中国科学院希望派人帮助鉴定历史年代。同年秋，中国科学院古脊椎动物与古人类研究所助理黄万波回到研究所，在办公室后的一件邮件盒里发现一些化石，其中有猿人的牙齿，引起了他的重视。

由中科院古脊椎动物与古人类研究所彭春和黄万波组成发掘队到龙潭洞。他们在工作面西端发现一具猿人头盖骨化石，四颗猿人上白齿化石，一段左下颌骨化石。这件头盖骨化石被专家研究后命名为"和县猿人"。

南京古人类先民汤山猿人

　　江苏省南京市汤山镇西的雷公山中，有一个巨大溶洞群，因其洞体如平卧的巨型葫芦，故称"葫芦洞"。洞内发现了较为完整的古人类头骨化石，经科学鉴定，是出生于30万年前的南京猿人，证实了长江流域是中华民族的发祥地之一。

　　在南京的汤山镇有一座山名叫射乌山，传说是后羿射日所登的山。

　　盘古开天辟地之后，起初风调雨顺，人兽和睦，世间万物幸福地生活着。可后来有一年，突然天上冒出来10个太阳，把大地

烤得像火炉，人和兽烤得死的死、逃的逃。这时，后羿率领部落就住在汤山。他是出名的神箭手，他听老人说，太阳是3只脚的金乌鸦变的，于是他就带上弓箭，爬上高山，拉满弓，瞄准一个太阳就是一箭。果然，从天上掉下来一只大乌鸦。

这下后羿更有把握了，他又一箭接着一箭射上天空，一连射了9箭，射落了9个太阳。于是，大地恢复了阴凉，树木变绿了，庄稼返青了，人和动物又过上了好日子。

后羿射中了9个太阳，其中8箭射到当中，而有一箭却射偏了一点，那个太阳还未冷透就落到汤山山肚里去了，把地底下的泉水烧得滚烫，于是汤山就有了温泉。

而葫芦洞据说也源于一个美丽神奇的传说：相传在很久以前，汤山镇一带有妖魔鬼怪经常作乱人间，残害生灵，当地村民难于生存并纷纷逃亡。此情况被观世音身边护法的七子金刚葫芦娃兄弟知晓，他们相约到人间与众妖斗智斗勇，鏖战了七七四十九天，但不幸其中有两兄弟被妖怪吃掉。

正在艰难的时候，观音菩萨突降人间，她降服了魔怪。为保一方百姓平安，也为了防止魔怪死灰复燃，观音菩萨就命令剩下的5个金刚葫芦娃永驻此洞，并把此地命名为葫芦洞。世代相传，人们都说后羿和葫芦娃就是古代汤山人的原型呢！

葫芦洞的汤山猿人化石分为1号头骨和2号头骨。其中1号头骨保存稍完整，有顶骨、额骨、左眼眶及部分面颊、鼻骨和枕骨等，初步分析为成年女性个体头骨。2号头骨仅存额骨、顶骨及部分枕骨，属成年男性个体。

南京猿人头骨形状特征与北京周口店猿人有诸多相似之处，伴存的动物种群也和周口店"北京人"的相似。它对于研究我国古人类分布演化，以及更新世人类生存环境，特别是长江中下游的环境，具有高度的历史价值和科学价值。

葫芦洞中还发现一枚猿人牙齿化石及2000余件古脊椎动物化石，大概属于15种动物。其中中国鬣狗、肿骨鹿等绝大部分动物已在远古时灭绝。初步测定，其年代属中更新世晚期，距今35万年左右。

葫芦洞古人类头骨化石的出土，是我国古人类研究及旧石器时代

考古领域具有世界意义的重大发现，它将南京先民的活动历史提前到35万年以前，而在此之前，南京最早只可追溯到以北阴阳营文化和浦口营文化遗址所代表的距今五六千年历史的新石器时代。

"南京猿人"头盖骨化石的发现，对研究人类演变规律提供了重要依据，是我国继北京猿人、云南元谋人、陕西蓝田人、安徽和县人之后又一重大发现。

知识点滴

葫芦洞是1990年被采石工人发现的。1992年下半年，汤山镇决定将"葫芦洞"作为旅游景点进行开发，陶胪鸿任顾问。

1993年，陶胪鸿到挖掘现场，见到箩筐内有一个似球状的化石，疑是股拐骨或猿人头骨。在清理"葫芦洞"南侧小洞中的堆积物时，发现一具保存相当完好的头骨化石。后来陶胪鸿用手扒去一些泥巴，便看出有眼眶轮廓和眉骨形状，他惊喜地说："这是国宝，是猿人头骨化石。"

他们带着照片专程飞赴北京，向中科院报告，请古脊椎动物与古人类所著名人类专家吴新智、张银运两位教授作权威鉴定，他们一致认为它是古人类头骨化石。新华通讯社报道了这个重大发现，立刻轰动了全世界。

开发台湾的先驱左镇人

台湾"左镇人"是在我国宝岛台湾省台南县左镇乡菜寮溪溪谷发现的9块灰红色的古人类化石，其中有7块是头骨残片，另外2块则是大臼齿。每块化石都代表单一的个体，分属于距今3万年的几个古代人类。

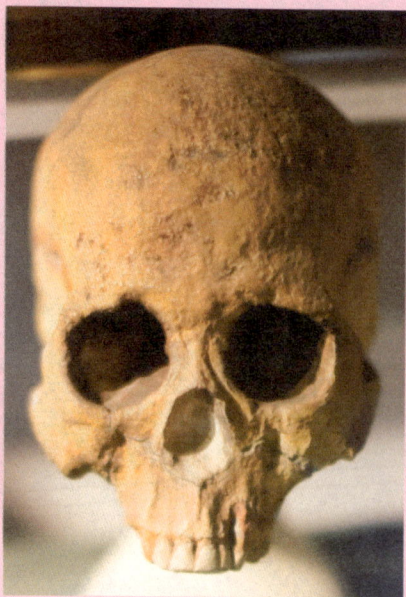

左镇人是最早开发我国宝岛台湾的先驱，他的出现，把台湾原始社会的历史在"长滨文化"的基础上，向远古推溯了两万年左右。左镇人揭开了台湾人类历史的第一页。

左镇乡位于我国台湾省台南县东南方，北临玉井乡、山上乡，东邻南化乡，西邻新化镇，南接龙崎乡、高雄县内门乡。

左镇乡位处山区，虽地势不高，地形却是高低起伏，形成半面山、断崖、曲流、深谷等特殊地景，缺乏大而平坦的腹地，气候上则属热带季风气候。

在菜寮溪河床出土的左镇人化石总共有9块，其中的3块，一块经测算，是3万年前一位约20岁的男性青年的顶骨；一块是具有强壮颞肌的成年人左顶骨残片；另一块也是一个成年人的右顶骨残片。这3个人都是属于同一群及同一时代的人类。

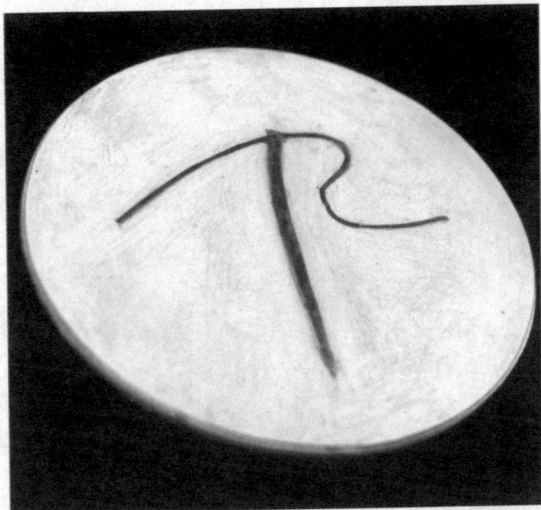

至于两块臼牙的齿冠，比现代人的要大一点，从臼齿化石的情形来看，可能是属于2万年前至3万年间的人类，分别属于一男一女的遗骨。

就生存年代而言，左镇人与山顶洞人大致相当，都属于旧石器时代晚期的现代人智人种。只是在山顶洞人的居住地北京周口店龙骨山，还伴存有大量旧石器时代末期的器物，如石珠、赤铁矿粉、制作精细的骨针等，它们标示了山顶洞人在我国历史上的划时代地位。而伴存于左镇人的仅仅是一些毫无文化显示的更新世哺乳动物的化石。

左镇人从何而来？在古老的高山族民间传说中，屡屡有将台湾诸山作为本民族发祥地的故事。高山族中的卑南人的民间传说尤其美丽动人。

《社族祖先的传说》讲道：一位女神奴奴拉敖右手持一石头，投石于地，石头裂开，生一男神；左手拿竹，竹插于地，地裂开，生一

女神。此二神皆为卑南族祖先……

但是，由于年代久远和生产力水平的限制，古老、纯朴的高山族人民尽管充分发挥了想象力，也无法突破自己世代生存的狭小天地并溯及本民族真正的源头。

根据生物进化论的观点，由氨基酸进化到高级生物要几十亿年的漫长过程。台湾山脉的最后形成，不过是近二三百万年的事情，根本不可能凭本身产生人类。显然，台湾最早的开发者是左镇人，而左镇人是从祖国大陆迁徙过去的。

1.5万年前，海平面低于今天，3万年前则应更低一些。台湾海峡平均深度只有80米，那时应当还是陆地。因此，左镇人可以很顺利地由大陆经过长途跋涉走过这块低洼的陆地进入台湾。

另外，在福建的清流、漳州和东山等地发现的古人类化石，时间虽比"左镇人"晚些，但从牙齿结构和体质形态上看，也属于同一起源。

古地理学研究证明，旧石器时代台湾岛和祖国大陆是连成一片的，"左镇人"是从祖国大陆东南经过长途跋涉，先到达台湾西部，再向南迁移到一处四面青山环绕和溪水明澈的地方，这就是后来的左镇。他们就在这里安居下来了。

台湾最早的人类来自大陆，他们带去了华南的原始文化。可是当时尚未发明水上交通工具，而在海峡中南部横亘着一条浅滩带，由台湾浅滩、南澎湖浅滩、北澎湖浅滩和台西浅滩组成，称为"东山陆桥"，一般水深不超过40米。原始人类就是通过"东山陆桥"去到台湾的。

首先，地球史证明海平面存在升降交替的状况。地球有冰期与间冰期频繁交替出现的演变规律，相对应的是冷暖气候的交替变化。冰期到来，气候变冷，海平面下降；间冰期到来，气温回升，海平面也上升。在台湾最高的玉山一带发现的贝类与鱼类的化石，说明间冰期时这里曾是一片汪洋。

其次，台湾海峡水深较浅，海平面只要下降40米，浅滩带就能露出海面。以当今的海平面为准，结合全球性冰川活动和气候波动研究，冰期以来台湾海峡海平面有3次下降幅度可能超过40米，说明了东山陆桥的存在。

另外，左镇人很可能是山顶洞人的一支。尽管周口店龙骨山距离台湾十分遥远，但是，由于生活习性和索取食物的方式所致，古人类是非常擅长奔走的。山顶洞人遗存中的海蚶壳，说明当时他们的活动范围已远及海边，并且极富开拓精神。

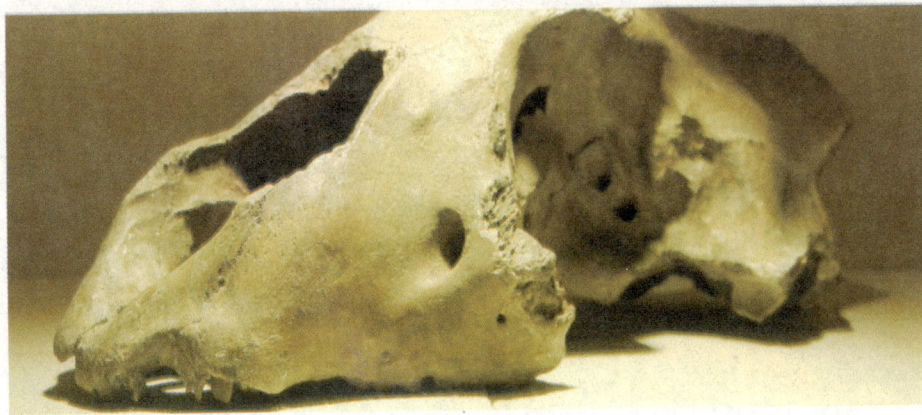

这些都说明了，至迟在距今2万年至3万年以前，台湾岛上就已经开始有人类居住了。左镇人是西部"长滨文化"的主人。长滨文化是台湾旧石器时代晚期的代表性文化，因此，左镇人可能也是使用石片器、砾石器和骨角器、以渔猎为生的旧石器时代人类。

知识点滴

1970年夏季，台湾省台南县左镇乡当地居民在菜寮溪溪谷采到一块灰红色的古人类化石。1971年初冬，由古生物化石的业余收藏家郭德铃在菜寮溪的臭屈河谷地层所找到了另外一块人类化石。

1972年，台湾大学考古人类学系教授宋文薰偕同省立台湾博物馆几名工作人员，一起到菜寮溪发掘古生物化石，并顺道参观郭德铃的化石收藏品。宋文薰发现这些收藏品中有一块疑为人类头骨的化石。该块化石后来由日本学者鹿间时夫带回日本做鉴定，并认为这是一块距今1万年到3万年的人类头骨右顶骨残片化石。

1976年，关于这些头骨化石的报告正式在《日本人类学会期刊》上发表，由于该批化石都是在左镇附近找到的，学界人士于是将这些化石的前身定名为"左镇人"。